Das Handbuch der Entscheidungen

Band Eins

Tobias Leisgang und Nadja Petranovskaja

Das Handbuch der Entscheidungen

Band Eins

Tobias Leisgang und Nadja Petranovskaja

ISBN 9789403613918

Weitere Mitwirkende: Ute Nitschke, Heiko Bartlog, Luisa Bergholz

Bildquellen: Canva (Free Media License), Eigene Illustrationen

Herausgeber: Tobias Leisgang, Adolf-Kolping-Str. 29, 96050 Bamberg, tobias@companypirate.de

Selfpublishing-Portal und Druck: Bookmundo c/o Mybestseller B.V., Delftestraat 33, 3013AE Rotterdam, NL

Bibliografische Information der Deutschen Nationalbibliothek:

Die Deutsche Nationalbibliothek verzeichnet diese Publikation in der Deutschen Nationalbibliografie; detaillierte bibliografische Daten sind im Internet über dnb.dnb.de abrufbar.

Inhaltsverzeichnis

Warum gibt es dieses Buch? . . . . **i**

1. **Entscheidungen - Was? Wozu? Warum?** **1**
   Was sind Entscheidungen? 2
   Lange Entscheidungsprozesse, wenig Entscheidungen . 7
   Entscheidungen in der Komplexität 16
   Fehlentscheidungen 24
   Kosten von Entscheidungen 29
   Entscheidungen und Unternehmenskultur 35
   Wer entscheidet besser - Mann oder Frau? 40

2. **Theorien und Denkmodelle** **43**
   Biases: Verzerrte Entscheidungen 45
   Stacey Matrix 54
   Effectuation - Entscheiden unter Ungewissheit 63
   Drehtüren und Türen mit Knauf 86

3. **Werkzeuge und Methoden** **91**
   Einzelentscheid 95
   Konsultativer Einzelentscheid 102
   Systemisches Konsensieren 110
   Entscheiden mit dem Cynefin Framework 115

Konsens: Entscheidung im Kollektiv 123
Entscheidungsmatrix 128
Bauch oder Zufall? Münze oder Würfel? 134
Die FOR-DEC Methode 138
Common ground 145
"Hell Yes" und "Keine 7" 149
Entscheidungsfindung und -kommunikation per App . 154

4. **Ins Handeln kommen** **161**
Das Entscheidungs-Journal 163
Entscheiden mit Leichtigkeit 166
Sich nicht entscheiden müssen: Polaritätsmanagement 173
Entscheidungs-Tandems 178
Decision Poker 182
Fun Facts über Entscheidungen 186
Übung macht den Meister 189

5. **Behind the Scenes** **191**
Wer sind Nadja und Tobias? 193
Wie kam es zu diesem Buch? 196
Wo treffen Nadja und Tobias Entscheidungen? 197
Entscheidung für unser Buchcover 200

Quellen und weiterführende Links **207**
* 209

Notes **213**

Warum gibt es dieses Buch?

Unser Leben besteht aus vielen Entscheidungen. Manche davon treffen wir vollautomatisch, ohne nachzudenken. Andere Alltagsentscheidungen fallen uns manchmal schwer. Was ziehe ich heute an? Gehe ich noch auf ein After-Work Bierchen mit den Kollegen oder schaue ich lieber Netflix auf der Couch? Esse ich heute Döner mit Allem oder lieber eine gesunde Quinoa Bowl?

Auch wenn nicht viel auf dem Spiel steht, denken wir tagelang über das nächste Urlaubsziel oder das Modell und Konfiguration des neuen Autos nach. Mancher fällt bei der Auswahl des nächsten Fernsehers anhand der Vielzahl an Modellen in Schockstarre. Dann gibt es auch noch die wirklich großen Entscheidungen im Leben. Welchen Beruf wähle ich? Wer ist der richtige Partner fürs Leben? Soll ich ein cooles Jobangebot annehmen oder lieber bei der aktuellen Firma bleiben? Ganz schön kompliziert, oder?

Auch im Berufsleben müssen wir immer mehr entscheiden. Konnte man sich im Zeitalter des Taylorismus auf das Ausführen von Anweisungen beschränken, werden einem heute laufend Entscheidungen abverlangt. Komplexität und schnell verändernde Rahmenbedingungen erschweren die Situation. Den Unterschied zwischen kompliziert und komplex lernst du übrigens später im Buch kennen.

Wie funktioniert jetzt das Entscheiden? Die meisten von uns haben weder in der Schule noch im Studium Entscheiden gelernt.

Und darum gibt es dieses Buch. Neben all den bereits existierenden Büchern zu und über das Thema Entscheidungen lernen wir jede Woche dazu. Das Wissen über die in diesem Buch beschriebenen Theorien, Denkmodelle und Werkzeuge haben wir uns über die letzten Monate und Jahre selbst erarbeitet.

Dieses Buch soll ein Praxisbuch sein, ein Werkzeugkasten, den du mitnehmen und in Situationen im Berufs- und Privatleben anwenden kannst. Damit du die Schrauben nicht mit dem Hammer in die Wand schlagen musst, haben wir eine große Anzahl an Entscheidungswerkzeugen gesammelt. Damit solltest du für die verschiedensten Situationen gerüstet sein.

Damit dir die Auswahl des richtigen Werkzeugs leichter gelingt und du einen Überblick über Theorien und Denkmodelle bekommst, haben wir ein entsprechendes Kapitel vorangestellt. Dabei geht es nicht um eine wissenschaftliche Abhandlung der verschiedenen Theorien. Wir möchten einen ersten Einblick in die Themen geben – für mehr Details und Tiefe greifst du dann zu den Werken der jeweiligen Experten. Wir verstehen diese Theoriekapitel eher als eine Tapasbar, die den Appetit auf die entsprechende Literatur anregen soll.

Wie beim echten Handwerk, macht auch beim Thema Entscheidungen die Übung den Meister. Im letzten Abschnitt laden wir dich zum Experimentieren und Ausprobieren ein.

Viel Erfolg,
Nadja und Tobias

PS: Soll man das Buch eigentlich am Stück lesen oder lieber selektiv einzelne Kapitel herauspicken? Wie bereits gesagt, stellen wir uns das Buch als Werkzeugkasten vor, aus dem man regelmäßig bei einer Entscheidungssituation passende Theorien und Methoden herauszieht. Man kann das Buch aber selbstverständlich erst von vorne bis hinten durchlesen, um einen Überblick über die Theorien und Werkzeuge zu erhalten.

PPS: In manchen Kapiteln findest du eine Textbox mit Zusatzinformationen. Hier ist eine Übersicht der unterschiedlichen Varianten:

Das ist eine Idee zum Ausprobieren und Experimentieren.

Hier hatten wir Unterstützung von Experten oder Gastautoren.

Zitate von bekannten und weniger bekannten Persönlichkeiten helfen beim Merken.

Achtung! Hier lauert Gefahr bei der Anwendung der Methode.

1. Entscheidungen - Was? Wozu? Warum?

Was sind Entscheidungen?

> "Was eindeutig ist, muss nicht entschieden werden."
>
> Georg-Wilhelm Exler

Was meinen wir, wenn wir von Entscheidungen sprechen? Das Wort „entscheiden" meint separieren, trennen und somit eine Grenze ziehen zwischen ja und nein, links und rechts, blau oder grau. Nadjas Hebamme hat immer gesagt, du kannst nicht halbschwanger sein, und so ist es auch mit Entscheidungen. Egal, wie unentschieden wir uns fühlen, in uns drin gibt es sie: die Klarheit, welchen der Wege wir gehen.

Befragen wir den Duden[1] finden sich drei Bedeutungen für das Wort Entscheidung:

1. Substantiv für "entscheiden" -
2. das Sichentscheiden
3. etwas, was entschieden worden ist

In diesem Handbuch geht es uns um das Verb „entscheiden". Wir verstehen darunter vor allem die Aktivität, mit der wir verschiedene Optionen prüfen oder vergleichen und uns nach einer Zeit der Überlegung auf eine Option festlegen. Schauen wir uns einige Entscheidungssituationen aus Privat- und Berufsleben an.

Entscheidungen im Privatleben

Links oder rechts? Spaghetti Bolognese oder Gemüsepfanne? Welche Musik möchte ich heute Abend hören?
Mehr als 20.000 Entscheidungen treffen wir pro Tag. Die meisten davon laufen automatisch ab. Das ist gut so. Stell dir nur mal vor, du müsstest morgens beim Weg in die Küche bewusst entscheiden, ob du links oder rechts gehst?
Doch einige unserer Entscheidungen laufen bewusst ab und brauchen unsere Aufmerksamkeit. Wer stand noch nicht vor dem Kleiderschrank und wusste nicht so recht, was er heute anziehen soll? Mit mal mehr und mal weniger Aufwand ist die Entscheidung dann gefällt – man kann ja schließlich nicht den ganzen Tag vor dem Kleiderschrank verbringen!

Nadjas Lieblingsbeispiel ist aber gar nicht der Kleiderschrank, sondern ein Milchregal in einem gut sortierten Supermarkt. Soll ich die Bio-Milch nehmen? Oder die aus der Region? Die mit der nachhaltigen Verpackung? Oder schaue ich auf den Fettgehalt und die Bekanntheit der Marke? Vielleicht nehme ich heute etwas mit mehr Calcium? Oder doch die Milch von den glücklichen Kühen, die frisches Gras essen durften? Ganz ehrlich, keine leichte Entscheidung!

Etwas länger dauern meist Entscheidungen fürs nächste Urlaubsziel, das neue Auto oder das nächste Mobiltelefon. Es gibt die spontanen Menschen, die das einfach aus dem Bauch entscheiden. Andere lassen sich mehr oder weniger Zeit für die Entscheidung. Für das nächste Reiseziel werden Hotelbewertungen studiert und Reiseführer konsultiert. Die Entscheidung für das neue Auto oder Mobiltelefon wird erst nach umfangreicher Lektüre von Fachzeitschriften und Stöbern in Internetforen getroffen.

Selbst wenn alle Fakten wie Preis, Features, Bewertungen und Erfahrungen anderer auf dem Tisch liegen, plagt einen immer noch die Qual der Wahl.

Noch schwerer fällt die Entscheidung bei Fragen wie dem Lebenspartner. Schließlich gibt es da keine Bewertungen im Internet. Na gut, man könnte vielleicht die Ex-Freundin konsultieren. Eine objektive Antwort wird man da wohl eher nicht bekommen. Leider können wir nicht in die Zukunft sehen. Unter Ungewissheit zu entscheiden ist daher besonders schwer. Tobias stand kürzlich vor der Entscheidung für eine Immobilie. Die gekaufte Eigentumswohnung im Neubau liefert sich ein Wettrennen mit dem Berliner Flughafen, wenn es um den belastbaren Fertigstellungstermin geht. Die Übergangswohnung ist zu klein und auch noch befristet. Was tun? Kaufvertrag rückabwickeln, neue Wohnung kaufen oder was Dauerhaftes mieten? Gar nicht so leicht zu entscheiden.

Und dann gibt es noch Entscheidungssituationen, die mit unseren Werten, Prinzipien und den gesellschaftlichen Konventionen zu tun haben. Darf ich mit einem Flugzeug in ein fernes Land fliegen - aus Spaß? Was gibt es zu Weihnachten, wenn meine Tochter Veganerin ist?

Wie trifft man also gute Entscheidungen? Die schlechte Nachricht zuerst: es gibt leider kein Patentrezept. Die gute Nachricht: es gibt viele Theorien und Werkzeuge wie man Entscheidungen trifft. Diese stellen wir dir später vor.

Entscheidungen in Unternehmen und Organisationen

Auch im Berufsleben treffen wir täglich Entscheidungen. Welche der fünf To-Dos arbeite ich als Nächste ab? Was antworte ich auf die Anfrage des Kunden? Wie behebe ich die Störung an der Maschine?
Liegt viel Wissen oder Erfahrung vor, laufen auch hier Entscheidungen so gut wie automatisch ab. In vielen Fällen nimmt uns auch eine Handlungsanweisung oder ein Prozess die Entscheidung ab (dazu später mehr in "Entscheiden mit dem Cynefin Framework").

Schwieriger wird es, wenn kein Wissen vorhanden ist, oder ein Parameter mit hoher Unsicherheit behaftet ist. Für welchen der möglichen neuen Kunden sollte ich die wertvolle Arbeitszeit spendieren? Welche Features sollen im neuen Produkt implementiert werden? Welcher Standort ist der Richtige für die Expansion des Unternehmens? In manchen Organisationen ist die Angst vor einer Fehlentscheidung groß. So trifft man entweder gar keine Entscheidung oder beschafft und analysiert wochenlang Zahlen, Daten und Fakten. Auch dazu erfährst du später mehr in "Kosten von Entscheidungen"(#kosten).

Wenn Menschen ins Spiel kommen, fällt die Entscheidung schwer. Für welchen der Bewerber entscheidet man sich? Bei den fachlichen Qualifikationen können Zertifikate und Referenzen von früheren Arbeitgebern noch Hilfestellung bei der Entscheidungsfindung bieten. Bei den persönlichen Eigenschaften ist wieder das Thema Bauchgefühl im Spiel.

Wen soll man befördern? Traditionell wäre der Dienstälteste dran, nach den neuen Richtlinien und Quotenvorgaben eher eine

Frau und nach dem Bauchgefühl eher jemand, der für Diversität und Innovation steht.

Besonders schwer fällt die Entscheidung, wenn man Personal reduzieren muss. Lässt man den Kollegen gehen, der in letzter Zeit nicht mehr so leistungsfähig war? Allerdings hat der eine vierköpfige Familie, die man mit der Entscheidung in eine ziemlich schwierige Situation bringen würde. Oder lässt man den Juniorentwickler gehen? Der ist jung und ungebunden. Wer kümmert sich dann um den neuen Onlineshop, den er gerade erst zum Laufen gebracht hat, und der aktuell als Vertriebskanal so dringend notwendig ist?

Es gibt auch Entscheidungen, bei denen es um Leben und Tod geht. Der Pilot, dessen Flugzeug aufgrund eines technischen Defekts notlanden muss, riskiert bei der falschen Entscheidung das Leben von vielen Menschen. In Italien mussten vor Kurzem Ärzte entscheiden, wer ans lebensnotwendige Beatmungsgerät darf. Die gesunde 60-Jährige, die locker noch paar Jährchen leben kann? Oder den 40-jährigen Familienvater, der aber an einer schweren Vorerkrankung leidet?

Die Grenze zwischen Entscheidungen im Privat- und Berufsleben ist übrigens fließend. Nimmt man den neuen Job in der anderen Stadt an und zieht von seinem liebgewonnenen Freundeskreis weg? In welchem Monat nimmt man Elternzeit, um das Projekt nicht in Schwierigkeiten zu bringen? Wie soll mein Leben die nächsten Jahre laufen und passt mein Beruf dazu? Die Theorien und Werkzeuge in den folgenden Kapiteln sind für beide Umgebungen geeignet.

Lange Entscheidungsprozesse, wenig Entscheidungen

Unsere Leserin Claudia Becker hat folgende Frage gestellt:

“Mich würde interessieren, warum es in Unternehmen, in denen es viele Entscheidungsträger gibt, dennoch sehr selten Entscheidungen getroffen werden. Ich erlebe oft, dass man lange diskutiert, den finalen Entscheidungen aus dem Weg geht, bis sie irgendwann ins Nirvana delegiert werden. In der Zeit hätte man oft jede Möglichkeit, die zur Entscheidung stand, ausprobieren können.”

Wir haben fünf Aspekte identifiziert, woran das liegen könnte:

1. Tayloristische Organisation
2. Fehlerkultur
3. Mangelndes Wissen zum Thema Entscheidungen
4. Machtkämpfe
5. Angst

> “Entscheidungen müssen getroffen werden - bevor sie einen selbst treffen.”
>
> Klaus Seibold

Taylorismus und funktionale Organisation

Die Organisation vieler Unternehmen ist heute noch stark vom Gedankengut des US-Amerikaners Frederick Winslow Taylor geprägt. Der Ingenieur entwickelte das Scientific Management zur Arbeitsorganisation und Prozessteuerung. Ein wesentliches

Merkmal dieser Entwicklung ist die Trennung von Planung und Ausführung der Arbeit. Frei nach dem Motto “Oben wird gedacht, unten wird gemacht” sind Angestellte und Arbeiter für das Abarbeiten von Aufgaben verantwortlich. Entscheidungen und Gestaltung der Prozesse sind jedoch Aufgabe von Managern. In der Wertschöpfung der Norm funktioniert dieses Modell gut. Es existiert Wissen für die Lösung eines Problems und dadurch lässt sich das Problem reproduzierbar lösen. Hier wäre es ineffektiv, wenn jeder Ausführende ständig das Rad neu erfinden würde. [2]

In der Wertschöpfung der Ausnahme funktioniert dieses System nicht mehr. In diesem Fall existiert für eine Problemstellung noch kein Wissen. Das Befolgen der Standardprozesse erzeugt keine Lösung, die den Kundenwunsch befriedigt. Du hast vermutlich schon mal erlebt, wenn ein Mitarbeiter in so einem Fall keine Entscheidungen treffen kann oder darf. “Moment, da muss ich den Chef fragen. Ich melde mich wieder bei Ihnen”. Die Führungskräfte manifestieren (unbewusst) diesen Zustand. Wenn sie keine Entscheidungen mehr treffen, sind sie ja nichts mehr wert. Entscheidungen werden nun in der Hierarchie nach oben delegiert. Dadurch dauern Entscheidungen signifikant länger. Zum einen braucht es Zeit, bis die Information auf einer Ebene der Organisation verarbeitet ist. Zum anderen braucht es Zeit, bis die Kommunikation an die nächste Ebene stattfinden kann. Führungskräfte sind dadurch ein Engpass. Durch viele Ausnahmen und Überraschungen wird dieses System überlastet. Stell dir eine Baustelle auf der Autobahn vor. Das ist der Engpass (=Führungskraft). Rollen jetzt viele Autos (=Entscheidungen) auf diese Baustelle zu, kommt es zum Stau.

Die ganze Situation wird durch die Organisation nach funktionalen Gruppen zusätzlich erschwert. Stell dir ein mittelständisches

Unternehmen namens CoolGrill vor, das Kühler für die Automobilbranche baut (du wirst diesem fiktiven Unternehmen im Laufe des Buchs noch ein paarmal begegnen). Einer der Kunden von CoolGrill baut ab jetzt mehr Elektroautos und braucht ein komplett neues Kühlkonzept. Es muss viel leichter sein und muss während des Ladevorgangs, wenn das Auto steht, kühlen. Damit tritt der Kunde an den Vertrieb heran. Die Vertriebsmitarbeiterin kann diese Anforderung natürlich nicht selbst lösen. Schließlich werden dazu Kapazitäten in der Entwicklung und Produktion benötigt. Dafür gibt es jeweils eigene Bereichsleiter. Die Entscheidung, ob und wie man das Kundenproblem löst, muss also bis an den Geschäftsführer eskaliert werden.

Um das Drama komplett zu machen, fehlen den Entscheidern auf den obersten Ebenen aber meist Datenpunkte. Bei der Kommunikation nach oben geht natürlich auch Information verloren oder wird verändert. Also wird wieder nach unten kommuniziert, um das fehlende Wissen anzufragen. Stell dir nochmal das Bild der Autobahn vor. Die Autos müssen jetzt von der Baustelle wieder zurückfahren. Du siehst, warum hier Entscheidungen sehr lange dauern oder im Nirvana landen.

Fehlerkultur

Kommen wir zurück auf die Wertschöpfung der Norm. Da bereits Wissen für die Lösung eines Problems existiert, sind Fehler in diesem Kontext vermeidbar. Unternehmen aus Branchen wie der Automobilbranche, dem Maschinenbau oder anderen produzierenden Gewerben sind wahre Meister in der Wertschöpfung der Norm. In diesen Unternehmen herrscht meist wenig Toleranz für Fehler. Das ist auch gar nicht verwerflich, denn wer möchte schon ein Montagsauto oder eine fehlerhafte Maschine sein Eigen nennen?

In der Wertschöpfung der Ausnahme existiert bekanntlich noch kein Wissen für die Lösung eines Problems. Fehler sind hier also vorprogrammiert. In manchen Diskussionen zum Thema Fehlerkultur wird zur besseren Unterscheidung der Begriff Irrtum gewählt: Irren tun wir uns, wenn wir nicht wissen, was richtig wäre, weil wir gerade etwas zum ersten Mal tun. Leider wird in vielen Unternehmen aber nicht zwischen den beiden Wertschöpfungsformen differenziert. Die Angst vor Fehlern ist entsprechend hoch. Laut einer Studie von Ernst & Young berichten 57 Prozent der befragten Mitarbeiter aus der Automobilbranche, dass in den Unternehmen Fehler vertuscht werden. [3]

In der Wertschöpfung der Ausnahme müssen ständig Entscheidungen ohne vollständiges Wissen getroffen werden. Wenn man in den genannten Branchen lieber keinen Fehler machen will, werden keine Entscheidungen getroffen. Das Prinzip lautet:

Wer nichts macht, macht nichts verkehrt.

Die vorhandenen Ziel- und Bonussysteme verstärken diesen Effekt noch. Gemessen werden oft Parameter aus der Wertschöpfung der Norm. Es finden sich Messgrößen wie Auslastung, Anzahl von Fehlern oder Umsatz. Letzteres ergibt sich aus dem Verkauf von bestehenden Produkten, ist also maßgeblich von der Wertschöpfung der Norm dominiert. Key-Performance-Indikatoren (KPI) wie Time-to-market (die Zeit bis ein Produkt auf den Markt kommt) oder Opportunitätskosten sind hingegen schwer oder gar nicht zu messen. Nicht getroffene Entscheidungen fallen in den vorhandenen Messgrößen nicht auf. Sie wirken sich daher in der Zielerreichung nicht aus und haben auch keinen negativen

Einfluss auf Boni.

Mangelndes Wissen zum Thema Entscheidungen

Treffen also Unternehmen, die sich für beide Wertschöpfungsformen organisiert und eine positive Fehlerkultur haben, schnelle Entscheidungen? Mangelndes Wissen zum Thema Entscheidungen kann dafür sorgen, dass Entscheidungen trotzdem ewig dauern. An zwei Beispielen möchten wir das illustrieren.

Ein Beispiel: Sarah ist Entwicklungsleiterin bei einem Pharmaunternehmen. Der Entwicklungsprozess braucht dringend eine Überarbeitung, und es müssen einige Entscheidungen getroffen werden, wie die überarbeiteten Phasen und Meilensteine aussehen sollen. Sarah möchte alle in ihrem Bereich in die Entscheidungen einbinden. Schließlich sollen später alle Entwickler gerne den Prozess nutzen. Diejenigen, die schon sehr gut mit dem bisherigen Prozess vertraut sind, wollen sich von vielen Routinen nur ungern trennen. Ein paar andere haben sich kürzlich im Design Thinking weitergebildet und möchten den Prozess stärker nutzerzentriert ausrichten. Es stellt sich als langwieriges Unterfangen heraus, bis alle zu einem Konsens kommen. Sarah hat leider nicht genügend Wissen zum Thema Entscheidungen, um diesen Prozess kürzer zu gestalten.

Die Firma Hart & Herzhaft ist in der Lebensmittelbranche und stellt Wurst- und Fleischwaren her. Weil immer mehr Kunden in der jüngeren Zielgruppe vegetarische oder vegane Ernährung bevorzugen, stellt Karl, Geschäftsführer von H&H, ein crossfunktionales Produktteam zusammen. Ziel des Teams ist die Erweiterung des Produktportfolios für diese Zielgruppe. Scheitern ist laut Karl ausdrücklich erlaubt. Trotzdem dauert die Entscheidung lange, mit welchen Produkten man diese Kunden für sich gewinnen will. Man macht Marktanalysen und Kundenbefragungen. Da die neue Zielgruppe noch nicht Kunde von Hart & Herzhaft ist, dauert es lange bis man an die entsprechenden Datenpunkte kommt. Auch hier fehlt dem Team das Wissen, wie man so eine Entscheidung schneller trifft.

Machtspiele

Wir wollen nicht drumherum reden: Entscheidungen zu treffen hat gerade im Unternehmenskontext mit Macht zu tun. Wer also wann welche Entscheidung trifft, sagt in manchen Organisationen viel darüber aus, wer das Sagen hat. Darum werden manche Entscheidungen schlicht und einfach deswegen verzögert und nicht getroffen, weil es dem internen Machtkampf dient.
Wir finden, das ist ziemlich kindisch. Unser Weg, damit umzugehen? Irgendwas zwischen alternative Wege zu unserem Ziel finden und direkt ansprechen, was wir wahrnehmen.

Angst

Der letzte Aspekt, der uns zu der Frage eingefallen ist, warum in manchen Unternehmen so viele Entscheidungen aufgeschoben werden, heißt schlicht und einfach: Angst. Die Angst kann aus mangelndem Wissen resultieren, wie man Entscheidungen trifft. Nicht jeder kennt Entscheidungstyp 1 und 2 und oder wie man eine Türklinke an eine Tür macht (dazu später mehr). Auch die nicht-existente Fehlerkultur kann dazu beitragen, dass die Entscheider alles aufschieben, was sie ihre Karriere kosten kann. Manchmal ist das aber auch eine ganz persönliche Angst. Angst,

jemandem im Unternehmen auf den Schlips zu treten. Angst, unbeliebt zu werden. Angst, zu viel Arbeit bei der Umsetzung der Entscheidung zu bekommen.
Angst ist menschlich. Wir finden, hier hilft es, diesen Aspekt als einen normalen Teil unserer Realität zu betrachten und - wenn es um uns selbst geht - daran zu arbeiten, uns besser zu verstehen. Hierzu findest du im vierten Kapitel einige Vorschläge.

Wie kannst du die Entscheidungsprozesse verkürzen?

Die Theorien, Denkmodelle und Methoden in diesem Buch können helfen, das von unserer Leserin Claudia skizzierte Problem in den Griff zu kriegen. Im Fall Sarah wäre ein konsultativer Einzelentscheid eventuell die bessere Herangehensweise. Beim zweiten Beispiel, in der Firma Hart & Herzhaft, wäre Effectuation ein gut geeigneter Ansatz, um schneller zu Entscheidungen zu kommen. Du findest eine Beschreibung dieser Entscheidungsmethoden im dritten Kapitel.

An dieser Stelle möchten wir dir drei erste Impulse geben, was du als Mitarbeiter, Führungsperson oder Teammitglied ausprobieren kannst.

1. Schau dir die Entscheidungen an, die du in der Vergangenheit weitergegeben, eskaliert oder an jemanden delegiert hast. Warum wolltest du die Entscheidung nicht selbst treffen? Gibt es an anderer Stelle im Unternehmen mehr Wissen oder existiert vielleicht noch gar kein Wissen? Was würde im schlimmsten Fall passieren, wenn du diese Entscheidung selbst triffst? Du musst ja nicht gleich über das

nächste Millionenbudget entscheiden. Wir sind uns aber sicher, dass die eine oder andere Entscheidung dabei ist, die man ohne größere Konsequenzen selbst treffen kann. Auch privat neigen wir manchmal dazu, andere für uns entscheiden zu lassen. Prüfe, woher deine Unsicherheit kommt und vor welchen Konsequenzen du gegebenenfalls Angst hast.

2. Bist du in einer Führungsposition? Erinnere dich an das Bild mit der Autobahn und der Baustelle. Du bist der Engpass. Widerstehe der Versuchung, alle Entscheidungen für das Team zu treffen. Stelle die Frage: "Was hält euch davon ab, diese Entscheidung selbst zu treffen?"
3. Gibt es in deinem (agilen) Team eine Retrospektive? Wie wäre es mit folgenden Fragen: Welche Entscheidungen haben wir getroffen? Sind wir mit der Geschwindigkeit der Entscheidungsfindung zufrieden? Welche Entscheidungen schieben wir vor uns her? Woran liegt das? Ist es die Angst vor Fehlern?

Wir hoffen sehr, mit diesen ersten Impulsen einen Beitrag dafür zu leisten, dass mehr schnellere Entscheidungen in Unternehmen getroffen werden.

Entscheidungen in der Komplexität

> “Auch falsche Entscheidungen können zum richtigen Ergebnis führen.”
>
> Niklas Gennen

Diese Zeilen entstehen am 18. März 2020, in der „Covid19 Krise“, wie wir sie heute nennen. Vielleicht werden wir in ein paar Jahren etwas anderes dazu sagen. Diese für uns alle neue Situation hat sehr deutlich gezeigt, wie die VUCA Welt sich auf die Entscheidungsfreude auswirkt. VUCA ist ein Akronym für die englischen Begriffe

- volatility ‚Volatilität‘ (Unbeständigkeit),
- uncertainty ‚Unsicherheit‘,
- complexity ‚Komplexität‘ und
- ambiguity ‚Mehrdeutigkeit‘.

Auf den folgenden Seiten befassen wir uns mit Entscheidungen in der Komplexität. Die anderen drei Buchstaben - V, U und A - sind aber meistens mit von der Partie - wir gehen auch auf diese ein.

Warum ist das Treffen der Entscheidungen in der Komplexität wichtig?

Im vorigen Kapitel haben wir beschrieben, wie die Wertschöpfung der Norm das Treffen der Entscheidungen vereinfacht. Wir können uns auf Checklisten, bewährte Methoden und Rezepte sowie auf Expertenwissen verlassen. Es ist absehbar, was eine Entscheidung bedeutet und kostet (siehe dazu das Cynefin-Modell).

In der Wertschöpfung der Ausnahme lassen sich Entscheidungen oft nicht mehr nach den bekannten Prinzipien treffen. Eine Ausnahme und Abweichung vom Prozess bringt Kräfte und Dynamiken in den Gang und ruft weitere Abweichungen und unvorhersehbare Situationen hervor. Rahmenbedingungen, die wir mit „VUCA“ beschreiben, um uns selbst zu erklären, warum uns eine Entscheidung so schwer fällt, sind:

- Volatilität/Unbeständigkeit/Sprunghaftigkeit: andauernde Veränderungen, die sich nicht vorhersagen lassen und damit verbundene Risiken, Disruption von Märkten, Geschäftsmodellen und auch von Werten.
- Unsicherheit/mangelnde Validität: die vielen neuen Zahlen, Daten und Fakten helfen nicht, eine Entscheidung zu treffen, weil es in der Komplexität selten einen linearen Zusammenhang gibt. Durch den Data overload entsteht vielerorts Paralyse und Unfähigkeit zu entscheiden. Jede Entscheidung kann sowohl richtig als auch falsch sein, und es existieren für das neue Wissen noch keine Experten.
- Komplexität (dazu später mehr) und
- Ambiguität/Mehrdeutigkeit: die „Rauchzeichen“, die wir sehen, verraten uns nicht, was sie bedeuten. Das Terrain ist durch die vielen Veränderungen, Sprünge und das Neue ungewohnt, wenig vertraut. Es erscheint als menschlich, dass diese Mehrdeutigkeit zu Misstrauen, Zweifeln und dadurch auch zu wenigen Entscheidungen führt.

Das Treffen von Entscheidungen in der Komplexität ist darum

wichtig, weil es die Produktivität des Teams/des Unternehmens erhöhen kann oder – bei nicht-Entscheidungen – die Situation in das Chaos bewegen kann.

Was ist Komplexität?

Komplexität ist das Verhalten eines Systems, dessen viele Komponenten auf verschiedene Weise miteinander interagieren können, nur lokalen Regeln folgen und denen Instruktionen höherer Ebenen unbekannt sind. Es gibt keine klare Beziehung zwischen Ursache und Wirkung.
Hand in Hand mit der Komplexität kommt die Emergenz: das Entstehen von neuen Eigenschaften oder Strukturen eines Systems infolge des Zusammenspiels seiner Elemente. Als Beispiel für können wir den Fakt betrachten, wie viele Mitarbeiter, die durch Corona remote von zu Hause arbeiten mussten, plötzlich viel motivierter waren, aufgeblüht sind und viel bessere Ergebnisse geliefert haben.
Für das Treffen der Entscheidungen (mit den oben beschriebenen VUCA Rahmenbedingungen) heißt das: wir suchen nach Lösungen für Probleme, die uns noch unbekannt sind. Wir haben oft konkurrierende Lösungs-Vorschläge, da wir alle gleich wenig Experten sind, und es gibt keinen Weg, die unterschiedlichen konkurrierenden Lösungsvorschläge abzuwiegen oder zu bewerten. Diese Art von Prozessen braucht unter anderem:

- Ambiguitätstoleranz
- Geduld
- gute Moderation
- eine Menge Zeit und Raum

Wie kommst du zu einer Entscheidung in der Komplexität?

Es gibt für Entscheidungen in der Komplexität kein Standard-Vorgehen. Vielmehr können wir ein paar Treiber/Enabler und Begrenzungen/Constraints beachten. Dabei dienen uns die Treiber und Begrenzungen als Gas- oder Bremspedal in dem Entscheidungsprozess. Und während Autofahren ein (im Sinne des Cynefin Modells) einfacher mechanischer Prozess ist, ist das Treffen der Entscheidungen in der Komplexität eher ein Ausflug mit dem Raumschiff Enterprise zu den Galaxien, die nie ein Mensch zuvor gesehen hat.

Lass uns zuerst die möglichen Constraints anschauen. Chris Corrigan fasst aus den Arbeiten von Dave Snowden und Glenda Poyang folgende fünf zusammen:[4]

- Attractors: Attraktoren halten die Dinge kohärent zusammen.
- Boundaries: Grenzen trennen die Dinge. Diese können fest oder locker, durchlässig oder hart sein.
- Connections: Verbindungen in einem System beschreiben, wie alles miteinander verbunden ist.
- Exchanges: Austausch ist das, was über Verbindungen einschließlich Informationen, Macht und Ressourcen fließt.
- Important Identities: Identitäten kommen ins Spiel und können ein System mit Machtdynamik, Fachwissen oder der Verminderung von Stimme und Ideen verzerren.

Wie genau diese Constraints „funktionieren“, sehen wir gleich. Zuerst ist es wichtig zu verstehen, was du tun kannst, damit es zu einer Entscheidung in der Komplexität kommt. Das Zauberwort hier lautet „chaordic“ und meint, dass du dich für das Treffen einer Entscheidung zwischen der geordneten/bekannten und der unbekannten/chaotischen Welt hin und her bewegen musst.

1. Gehe niemals allein. Wir sind im höchsten Maße begrenzt durch unsere Bias und unsere begrenzte Perspektiven. Je mehr Menschen in dem Entscheidungs-Prozess teilnehmen und je diverser diese Menschen sind, desto mehr Chancen hast du, gute Entscheidungen zu treffen. Chris Corrigan geht noch weiter und sagt, dass wir in der Komplexität explizit Konflikte und Differenzen brauchen. Falls du dich noch an unser fiktives Beispiel der Firma CoolGrill erinnerst, hier lädt die Vertriebsmitarbeiterin Kollegen aus mehreren Abteilungen zu einem Workshop ein mit der Absicht, verschiedene Perspektiven und Sichtweisen miteinander zu besprechen. Dabei nutzt sie die Attractoren „Important Identities“ (Abteilungszugehörigkeit) und „Exchanges“.
2. Plane Zeit ein. Was in einfachen und komplizierten Situationen/Projekten über eine Aktionsliste und eine Abstimmung erledigt werden kann, funktioniert nicht in der Komplexität. Entscheidungen, die zu schnell durchgesetzt worden sind, werden nicht getragen und selten ausgelebt. Die Zeit wird gebraucht, damit der Constraint „Connection“ den Austausch zu einer nachhaltigen Entscheidung bringt.
3. Wirke auf die Constraints ein, nutze diese als einen bewussten Gestaltungsprozess für den Entscheidungsrahmen. Sind die Diskussionen zu wild und weit vom Thema, braucht es engere Grenzen und mehr Struktur (Boundaries – z. B.

kleinere Gruppen oder den konsultativen Einzelentscheid). Verliert die Gruppe Energie und Lust, braucht es mehr Attractors und Connections – z.B. über das Erinnern, warum die Entscheidung für das Team wichtig ist. Fehlen Ideen und Freiwillige, hilft mehr Austausch (Exchanges).

4. Lasse Menschlichkeit zu. Ja, wir haben Rollen und Stellenbeschreibungen. Doch in der Komplexität braucht es unser Ganzes. Wir agieren dann nicht als Maschinen, wir sind mehr als das. Lasse Menschen ihre Sicht der Dinge erklären, lasse sie Geschichten und Anekdoten miteinander teilen und gemeinsam Muster entdecken (Constraints „Connection" und „Exchange" sowie wenig „Boundaries"). Sorge für gute Atmosphäre, in der Menschen Vertrauen verspüren und sich öffnen. Um diesen Aspekt zu betonen, macht die Firma CoolGrill etwas ganz Neues: in einer regelmäßigen Retrospektive planen die Kollegen regelmäßig Zeit für einen persönlichen Austausch ein.
5. Verlasse dich nicht auf die Vergangenheit. Was früher funktioniert hat, muss in der Komplexität nichts bedeuten. Gebe dir und der Gruppe Zeit, aus den Geschichten und Daten etwas abzuleiten, was nach einem bestmöglichen nächsten Schritt aussieht (Constraint „Attractors"). Das ist für die Kollegen von CoolGrill der schwierigste Punkt. Sie merken die eigene Unsicherheit und die Angst vor der falschen Entscheidung. Auch das wird in den Retrospektiven angesprochen.
6. Wiederhole den Entscheidungs-Prozess und gewöhne dich selbst und die anderen daran, wie anders wir in der Komplexität agieren. Lasse Experimente, Work Hacks, kurze Ausprobiert-Phasen eure besten Freunde sein in der Komplexität. Es wird sich ab und an wie „täglich grüßt das Mur-

meltier“ anfühlen, weil Dinge immer wieder auftauchen, nur im anderen Kontext oder Projekt, und sie brauchen dann immer wieder neue Lösungen und somit eine neue Entscheidung.

7. Übertreibe es nicht. Manches ist nicht komplex oder kann nach und nach in die komplizierte Domain (Cynefin) überführt werden. Auch über Transparenz, Dialoge, Klarheit und Einfachheit erscheinen manche Themen nach und nach gar nicht mehr so mehrdeutig, ungewiss oder sprunghaft.

Bitte betrachte diese sieben Schritte nicht als „so macht man das“ Anleitung. Es ist eine Empfehlung, die du ausprobieren kannst, und wir hoffen, dass diese hilfreich ist.

Fehlentscheidungen

> “Fehlentscheidungen sind Entscheidungen, die nicht falsch sind, sondern denen etwas fehlt.”
>
> Georg-Wilhelm Exler

Was sind Fehlentscheidungen? Sucht man im Netz nach Beispielen von den größten Fehlentscheidungen, ist die erste Seite der Suchergebnisse voll von Fußball und Schiedsrichtern. Die vermeintlich größte Fehlentscheidung der Menschheitsgeschichte brachte Deutschland 1966 um den Weltmeistertitel, und das Wembley Tor erhitzt noch heute die Gemüter.

Woran macht man eine Fehlentscheidung fest?

Wir haben keine eindeutige Definition einer Fehlentscheidung gefunden. Einige Quellen postulieren sogar, dass es gar keine Fehlentscheidungen gibt. Das mag daran liegen, dass wir hier – siehe vorherige Kapitel – zwischen Entscheidungen in der Komplexität und im Normalbetrieb unterscheiden müssen. Im Normalbetrieb sind Fehlentscheidungen solche, die aus Unzulänglichkeiten und Fehlern im Entscheidungsprozess resultieren. Treffen wir eine Entscheidung jedoch in einer ungewissen und komplexen Situation, so würden wir mit folgenden drei Beispielen eine Fehlentscheidung definieren:

- Nach einer Entscheidung hat man ein ungutes Gefühl. Man ist mit seiner Entscheidung nicht glücklich. Der neue Job für den man sich entschieden hat, ist doch nicht so toll. Oder man möchte sich vom neuen Partner so schnell wie möglich wieder trennen, nachdem man die rosarote Brille abgesetzt hat.
- Ein gewünschter oder geplanter Effekt tritt nicht ein. Die Waschmaschine, die man gekauft hat ist lauter als die alte.

Das Rezept vom Chefkoch, für das man sich nach langer Überlegung entschieden hat, trifft überhaupt nicht den Geschmack der Gäste. Das neue Produkt findet kaum Absatz und fährt eine schlechte Bewertung nach der anderen ein.

- Eine Investition amortisiert sich nicht, oder es entstehen gar Mehrkosten. Die neue Maschine produziert nur qualitativ schlechte Teile. Der neue Werbespot resultiert in einem Shitstorm, und das Image des Unternehmens ist beschädigt.

Mit "Warum wir tun, was wir später bereuen" hat Albert Martin ein Buch derartigen Fehlentscheidungen gewidmet [5]. Ganze 250 so genannte Entscheidungsdefekte hat er identifiziert, die uns bei der Entscheidungsfindung auf Abwege bringen und schließlich für fehlerhafte Entscheidungen sorgen. Einigen dieser Verzerrungen bzw. Biases haben wir darum ein eigenes Kapitel gewidmet.

Ein weit verbreiteter Vertreter der Entscheidungsdefekte ist die Bestätigungstendenz. Daten und Informationen, die unseren Überzeugungen und Erfahrungen entsprechen, nehmen wir verstärkt wahr. Informationen und Daten, die unseren Überzeugungen widersprechen, nehmen wir abgeschwächt wahr oder meiden sie sogar. Der Effekt verstärkt sich zunehmend. Denn je mehr Daten wir sammeln, die unsere Überzeugung bestätigen, umso mehr verfestigen sie sich. Die Algorithmen der sozialen Medien wirken als weiterer Verstärker, indem sie uns mehr der Nachrichten und Daten geben, die uns gefallen. Heute wird dafür oft der Begriff Filterblase verwendet.

Wie sehen Fehlentscheidungen aufgrund der Bestätigungstendenz aus? In der Unternehmenswelt gibt es zahlreiche Beispiele, die aufgrund geschäftlichem Erfolg gewisse Verhaltensweisen

manifestieren und in Folge Fehlentscheidungen treffen.
Kennst du noch Quelle? Das war der Versandhandel mit den dicken Katalogen. Zwar war Quelle der erste deutsche Versandhändler, der online ging. Trotzdem nahm man die Datenpunkte für den Erfolg des aufstrebenden Buchhändlers Amazon wohl nicht ernst genug und musste 2009 Insolvenz anmelden. Zwar existiert Quelle heute wieder als Marke unter dem Dach der Baur Gruppe. Deren Umsatz betrug in 2019 gerade mal 0,3% des Umsatzes von Amazon. Ein ähnliches Schicksal ereilten Kodak und Nokia, die beide an ihren traditionellen Geschäftsmodellen festhielten und so Fehlentscheidungen trafen, die ihnen am Ende die Existenz kosteten. Aus den Worten "Das haben wir schon immer so getan" klingt die Bestätigungstendenz, und Fehlentscheidungen sind oft vorprogrammiert.

Eine andere Form von Fehlentscheidungen resultiert aus fehlenden Daten und Informationen zum Zeitpunkt der Entscheidung. "Hinterher ist man immer schlauer", heißt es so schön. Die eingangs erwähnten Fehlentscheidungen von Schiedsrichtern gehören zum Beispiel in diese Kategorie. Stell dir mal ein Basketballspiel vor. Drei Spieler kämpfen um den Ball, der ins Aus geht. Nun muss der Schiedsrichter entscheiden, wer Einwurf und damit Ballbesitz hat. Der Schiedsrichter hat zum einen nur eine eingeschränkte Sicht. Einer der drei Spieler hat die Sicht auf die Szene verdeckt. Erschwerend kommt hinzu, dass die Situation blitzschnell abläuft. Der Ball hat für den Bruchteil einer Sekunde den Oberarm des einen Spielers berührt. Für das menschliche Auge war das kaum wahrnehmbar. Deswegen gibt es heute in vielen Sportarten einen Videobeweis oder ein Instant Replay. Damit sollen Fehlentscheidungen in vielen Sportsituationen minimiert werden.

Auch in der Geschäftswelt gibt es Fehlentscheidungen aufgrund fehlender Daten oder Wissen. Ron Wayne gründete mit Steve Jobs und Steve Wozniak die Firma Apple. 11 Tage nach der Gründung gab er seine Anteile für 800 Dollar an seine beiden Mitgründer zurück. Woher hätte er wissen sollen, dass dieser Anteil mal über 30 Milliarden Dollar wert sein würde? Jedes Innovationsprojekt muss Entscheidungen ohne ausreichendes Wissen treffen. In Folge passieren auch viele Fehlentscheidungen.

Es wäre falsch solche Entscheidungen zu vermeiden. Wir würden solche Entscheidungen nicht als Fehler ansehen. In Wirklichkeit hat man dadurch Wissen gewonnen und Annahmen überprüft. Statt Fehlentscheidung solltest du es besser Irrtum nennen. Es ist wichtig, derartige Entscheidungen schnell zu treffen. Nur dadurch kann man zügig zu neuen Erkenntnissen gelangen. Wie du siehst, ist das Thema Fehlentscheidung stark mit der Fehlerkultur in einem Unternehmen verbunden.

Vieles, was sich später als Fehlentscheidung herausstellt, war zum Zeitpunkt der Entscheidung das einzig Richtige, was man mit den vorhandenen Daten entscheiden konnte. Ron Wayne bereut seine Entscheidung übrigens nicht: "Ich wäre reich, aber ich wäre der reichste Mann auf dem Friedhof."

Kosten von Entscheidungen

> "Das teuerste im Unternehmen sind Leute, die falsche Entscheidungen treffen."
>
> Claus Henninger

Kosten spielen als Entscheidungsparameter oft eine große Rolle. Welcher Lieferant bietet den günstigsten Preis? Bei welchem Kunden winkt der höhere Auftrag? Welches Hotel bietet das beste Preis-Leistungsverhältnis? Welcher Fernseher wird am Black Friday den größten Rabatt aufweisen?
Selten berücksichtigt werden allerdings die Kosten der Entscheidung selbst. Dabei übersteigen diese Kosten manchmal sogar den Wert der Sache, über die entschieden wird. Die Kosten der Entscheidungsfindung bestehen aus zwei Teilen:

1. Direkte Kosten der Entscheidungsfindung. Diese sind einfach zu messen.
2. Indirekte Kosten der Entscheidungsfindung. Diese sind nicht zu messen und daher nicht bezifferbar. Oft stellen diese Kosten aber den signifikanteren Anteil.

Direkte Kosten der Entscheidungsfindung

Zu den direkten Kosten der Entscheidungsfindung zählen alle Material- und Personalkosten, die unmittelbar dem Prozess der Entscheidungsfindung dienen:

- Personalkosten für das Sammeln von Zahlen, Daten und Fakten, z.B.
  - Ein Mitarbeiter recherchiert Material im Internet

  - Ein Mitarbeiter führt einen Versuch durch
- Sachkosten beim Sammeln von Zahlen, Daten und Fakten, z.B.
  - Kosten für eine Marktforschung
  - Kosten für eine Studie
  - Reisekosten
  - Versuchsaufbauten
- Personalkosten für das Vorbereiten einer Entscheidung, z.B.
  - Konsultation von Experten
  - Erstellung einer Entscheidungsmatrix
  - Erstellung einer Entscheidungsunterlage
- Personalkosten für das Treffen einer Entscheidung, z.B.
  - Zeit, die man für einen Einzelentscheid braucht
  - Personalkosten für ein Entscheidungsmeeting

Die Sachkosten für die Vorbereitung und Treffen der Entscheidung sind meist vernachlässigbar.

Am besten schauen wir uns das am Beispiel des fiktiven Unternehmens CoolGrill an, das du bereits in den vorherigen Kapiteln kennengelernt hast. CoolGrill möchte sein Osteuropageschäft ausbauen und ein Vertriebsbüro in Rumänien eröffnen. Als mögliche Orte kommen Timisoara, Sibiu, Cluj und Bukarest in Frage. Max aus dem Personal und Lisa aus dem Vertrieb werden beauftragt, eine Entscheidungsunterlage vorzubereiten. Die Entscheidung für einen Standort soll in drei Monaten im Vorstand getroffen werden. Max recherchiert Gehaltsniveaus in den verschiedenen Regionen und überprüft, wie gut geeignetes Vertriebspersonal zu finden ist. Lisa recherchiert potentielle Kunden, sucht nach geeigneten Immobilien für ein Büro und sieht sich die interessantesten Objekte vor Ort an. Eine Stunde von Max und Lisa kostet das Unternehmen 100 EUR. Eine Stunde eines Vorstands ist mit 200 EUR veranschlagt.

Hier ist eine ungefähre Übersicht der Kosten dieser Entscheidungsfindung:

- Max und Lisa spendieren beide je 80 Stunden für Recherchen, Telefonate und Besichtigungen vor Ort: 16.000 EUR
- Gehaltsreport, Maklerkosten und zwei Reisen nach Rumänien: 4.500 EUR
- Erstellen einer Entscheidungsunterlage (je 8h für Lisa und Max) und Vorbesprechung (1h) mit dem Personalvorstand: 2.000 EUR
- Eine Stunde Besprechung mit den fünf Vorstandsmitgliedern: 1.200 EUR

Insgesamt fallen somit 23.700 EUR an direkten Kosten für diese Entscheidung an.

Indirekte Kosten der Entscheidungsfindung

Schwer zu beziffern sind die Kosten, die indirekt durch die Dauer der Entscheidungsfindung entstehen können (=Cost of Delay). Lass uns auf ein paar Beispiele schauen.

1. Ein Unternehmen lässt sich lange Zeit mit der Entscheidung für eine Produktentwicklung. Dadurch verspielt es den entscheidenden Vorsprung am Markt. Ein Mitbewerber bringt das Produkt zuerst raus und gewinnt Marktanteile.

2. Eine Stelle für einen Softwareentwickler wurde ausgeschrieben, und ein passender Kandidat wurde gefunden. Die Entscheidung dauert vier Wochen. Der Bewerber hat sich mittlerweile für ein anderes Unternehmen entschieden. Die Suche muss wiederholt werden.
3. Ein Unternehmen möchte sich zusätzliche Kapazitäten am Rohstoffmarkt sichern. Da die Investitionssumme hoch ist, zieht sich die Entscheidung in die Länge. Als die Entscheidung endlich gefallen ist, ist die Nachfrage nach dem Rohstoff stark gestiegen, und das Unternehmen zahlt einen viel höheren Preis.

Das dritte Beispiel zeigt uns auch einen umgekehrten Aspekt der Entscheidungskosten: die indirekten Kosten der Entscheidungsfindung können negativ ausfallen. Zum Beispiel könnte ein Preis fallen oder eine neue Möglichkeit zur Lösung taucht auf. Dadurch profitiert das Unternehmen von der Dauer der Entscheidung. Hier wären wir wieder bei VUCA.

Lass uns nochmal einen Blick auf unser fiktives Unternehmen CoolGrill werfen. Der Mitbewerber CoolFront hatte zeitgleich die gleichen Expansionspläne. Er hat einfach einen Vertriebsmitarbeiter angeheuert und ihm einen Platz in einem Bukarester Co-Working-Space gemietet. Der Mitarbeiter hatte so zwar weitere Wege zu potentiellen Kunden, aber konnte nach vier Wochen einen Auftrag über 200.000 EUR akquirieren. Die Dauer der Entscheidung kam CoolGrill also teuer zu stehen. Die möglichen indirekten Kosten sind in der Komplexität noch schwerer einzuschätzen, da es nicht vorhersehbar ist, wie die Kunden, die Mitbewerber, die potentiellen Mitarbeiter oder die Gesetzes- und Wirtschaftslage reagieren bzw. mitspielen.

Was kosten private Entscheidungen?

Macht die Betrachtung der Kosten auch bei Entscheidungen im privaten Bereich Sinn? Wir denken, ja. Nehmen wir als Beispiel eine Urlaubsreise. Wie viele Stunden hast du Hotelbewertungen auf einschlägigen Portalen recherchiert? Wie viel Zeit hast du für den Preisvergleich spendiert? Vielleicht macht es Sinn, auch bei privaten Entscheidungen einen Stundensatz anzusetzen. Für eine Stunde Preisvergleich in der Flugsuchmaschine müsstest du einen Flug finden, der mehr als 100 EUR günstiger ist, als das erstbeste Angebot.

Auch hier gibt es die indirekten Kosten der Entscheidungsfindung. Nimm mal das Beispiel mit der Softwareentwickler-Stelle aus dem vorherigen Absatz. Du stößt als Kandidat auf Jobsuche auf eine interessante Stellenausschreibung, brauchst aber ein paar Tage, um zu entscheiden, ob du eine Bewerbung versenden sollst. In der Zwischenzeit hat ein anderer Kandidat das erste Vorstellungsgespräch geführt und kann bereits punkten. Du magst vielleicht der bessere Kandidat sein, aber wenn der Mitbewerber passt und der Arbeitgeber sich schnell entscheidet, dann wirst du sehr wahrscheinlich den Kürzeren ziehen. Wir geben dir daher im dritten Kapitel ein paar hilfreiche Werkzeuge an die Hand, mit deren Hilfe du dich schneller und leichter entscheiden kannst.

Entscheidungen und Unternehmenskultur

> "Es sind nicht unsere Fähigkeiten, die zeigen, wer wir sind, sondern unsere Entscheidungen."
>
> Dumbledore in Harry Potter und die Kammer des Schreckens

Im Kontext eines Unternehmens ist das Thema Entscheidungen aus mehreren Aspekten wichtig. Zum einen hat die Art und Weise, wie Entscheidungen getroffen werden, ihren Ursprung in der Kultur des Unternehmens. Gleichzeitig beeinflusst diese auch die Entwicklung des Unternehmens – zum Beispiel durch die Geschwindigkeit (schnelle oder langsame Entscheidungen) oder durch die Zahl der eingebundenen Personen (personenintensive/teuere oder schlanke/günstige Entscheidungen). Somit hat die Art und Weise, wie Entscheidungen getroffen werden, einen direkten Einfluss darauf, wie erfolgreich ein Unternehmen ist.

Als Inspiration möchten wir ein paar Beispiele von Unternehmen bringen, die man heute als erfolgreich betrachtet. Du kannst sehen, dass sie ihre Art und Weise, Entscheidungen zu treffen, sehr unterschiedlich beschreiben. All diesen Wegen, Entscheidungen zu treffen ist gemeinsam, dass sie sich sehr nah an den Prinzipien von New Work orientieren. Der zentrale Trend zum Thema Entscheidungen lautet:

„Von zentraler Entscheidungsgewalt zu dezentraler Entscheidungskompetenz".

Dieser Trend beschreibt die Art und Weise, die Entscheidungsmacht aufzuteilen und möglichst in die Richtung im Unternehmen zu verlagern, wo die meiste Informationen zur Problemlösung vorliegt. Wie wir wissen, ist die meiste Information selten im Zentrum oder an der Spitze des Unternehmens gelagert, vielmehr ist sie direkt dort vorhanden, wo Menschen mit den Kunden oder anderen Partnern zusammenarbeiten.

Hier sind in aller Kürze die Entscheidungsprinzipien von acht Unternehmen. Mehr Beispiele und weitere Einblicke in die Firmenkultur der vorgestellten Unternehmen findest du auf liberationist.org[6]

PIXAR

- die kreative Entscheidungsgewalt liegt bei der kreativen Führungsspitze des Films
- die Führungskräfte des Films treffen operative Entscheidungen. Oberes Management darf diese weder hinterfragen noch „mikromanagen"
- wenn die Produktion auf ein Problem stößt, bieten Manager Unterstützung, ohne die Autorität zu untergraben

NETFLIX

- Manager sollen den Kontext liefern, nicht die Kontrolle ausüben
- Mitarbeiter sollen großartige, unabhängige Entscheidungsträger sein

SOUTHWEST AIRLINES

- Entscheidungen werden auf Ehrlichkeit und Integrität abgewogen
- jeder hat die Freiheit, Initiative zu ergreifen

ATLASSIAN

- Schwung und Flow, nicht perfekte Entscheidungen, ist das, was zum Erfolg führt
- ein ausgewogener Rhythmus und eine ausgewogene Kadenz zwischen Mikromanagement und Laissez faire
- Entscheidungen visualisieren: klar, kompliziert, komplex, chaotisch (siehe Cynefin-Modell)

AIRBNB

- Manager sind Facilitatoren, Mitarbeiter übernehmen die Verantwortung
- Daten sind die Stimme der Menschen
- Werte werden verwendet, um Schlüsselentscheidungen zu treffen

PATAGONIA

- das Board entscheidet sich für einen Berg, die Spieler und Mannschaften legen fest, wie er erobert werden soll
- berücksichtige die Auswirkungen einer Entscheidung in 100 Jahren

ZAPPOS

- Menschen, nicht Manager, treffen Entscheidungen
- Mitglieder des Kundenbindungsteams können JEDE Entscheidung treffen, um Kunden zu begeistern

SPOTIFY

- Manager geben Richtung und Anleitung und gehen aus dem Weg
- Manager coachen und begleiten; sie beseitigen Hindernisse, anstatt zu sagen, was zu tun ist
- Mitarbeiter stärken, Autonomie erzeugen

Du siehst, jedes Unternehmen hat seinen eigenen Weg gefunden, Entscheidungen zu treffen und damit erfolgreich zu sein. Neben den hier aufgelisteten internationalen Firmen kannst du dich auch von dem Weg inspirieren lassen, den das Premium Kollektiv gewählt hat. Wir stellen das Unternehmen, das durch die Premium Cola bekannt wurde, im Kapitel Konsens vor.

Für unser Handbuch der Entscheidungen ist hier nur eine Botschaft wichtig:

Es gibt kein richtig und falsch. Alles, was ihr als Team oder als Unternehmen tut, hat Konsequenzen und Auswirkungen darauf, wie die Ergebnisse zustande kommen und wer sich in Zukunft bei euch bewirbt.

Wer entscheidet besser - Mann oder Frau?

Treffen Männer und Frauen auf die gleiche Art Entscheidungen? Das fragte unsere Erstleserin Anja Blesl. Und wenn nein, wer von beiden trifft die besseren Entscheidungen?

Was sagt der Professor der Psychologie?

Der Psychologe Professor Dietrich Döner, der an der Universität Bamberg das Institut für theoretische Psychologie leitete, hat per Simulation über viele Jahre das Entscheidungsverhalten von Menschen analysiert. In "Moroland" mussten Teams einem fiktiven Land in Afrika zur Entwicklung helfen. In "Lohhausen" durften sich Einzelpersonen als Bürgermeister versuchen. Beides waren komplexe Simulation in denen ständig Entscheidungen getroffen werden mussten. [7]

Laut Professor Dörner haben weder Frauen noch Männer die Nase vorne. Frauen haben auch nicht intuitiver entschieden, wie man vielleicht meinen könnte. Allerdings konnte er eine unterschiedliche Herangehensweise beobachten. "Frauen gestalteten die sozialen Beziehungen intensiver und waren oft ruhigere und bessere Moderatoren zwischen den unterschiedlichen Vorstellungen als die Männer. Frauen geben auch leichter nach und machen eher Kompromisse" [8]

Gibt es einen Unterschied bei Kaufentscheidungen?

In einem anderen Experiment an den Universitäten Linz und Friedrichshafen wurde das Kaufverhalten der beiden Geschlechter im Internet beobachtet. Bei einem Kauf auf Ebay muss der Käufer die Vertrauenswürdigkeit eines Angebots einschätzen und entscheiden, ob ein Kauf erfolgreich sein wird. Mit Hilfe eines Magnetresonanztomografen (MRT) konnten Dr. René Riedl und zwei Professoren aus Friedrichshafen zeigen, dass bei Frauen mehr und unterschiedliche Gehirnregionen als bei Männern aktiv waren. Am meisten Aktivität fand man in den Gehirnregionen, die Emotion verarbeiten. Bei Männern waren mehr die Bereiche für rationales Denken aktiv. Wer von beiden mehr Kaufentscheidungen traf und welche Entscheidungen besser waren, ist nicht bekannt. [9] Das Vorurteil der Shopping Queen ist somit nicht wissenschaftlich belegt.

Rollenbilder prägen Entscheidungen

Im Kapitel Einzelentscheid wirst du Susanne kennenlernen. Susanne muss sich nach dem Abitur zwischen unterschiedlichen Karriereoptionen entscheiden. Auch wenn es grundsätzlich keinen Unterschied in der Qualität der Entscheidungen gibt, so wirken sich bei derartigen Entscheidungsprozessen Geschlechterrollen aus. So gibt es immer noch viele Berufe mit hohem Frauen- oder Männeranteil. Dies beeinflusst natürlich Entscheidungen. Initiativen wie der jährliche Girls-Day versuchen das zu adressieren.

2. Theorien und Denkmodelle

> "Es ist nicht schwer, Entscheidungen zu treffen, wenn du deine Werte kennst."
>
> Roy E. Disney

Die Kapitel in diesem Teil sind keine klassischen Methoden, sondern Theorien und Denkmodelle. Du kannst sie nicht einfach wie ein Werkzeug anwenden. Sie helfen dir aber beim Verstehen von Zusammenhängen rund ums Thema Entscheidungen.

Hier lernst du unter anderem etwas über:

- Stacey Matrix
- Biases
- Effectuation
- Drehtüren und Türen mit Knauf
- Schnelles Denken, Langsames Denken

Biases: Verzerrte Entscheidungen

Alles ganz rational? Bei Weitem nicht! Unser Denken funktioniert nicht nach strikt logischen Grundsätzen. Im Arbeits- und Geschäftsleben, aber auch bei wichtigen Entscheidungen im privaten Umfeld, haben die meisten Menschen für sich den Anspruch, Entscheidungen nach logischen Gesichtspunkten zu treffen. Und wir sind auch meist der festen Überzeugung, dass wir logische und rationale Entscheidungen treffen. Wissenschaftliche Untersuchungen lassen jedoch immer mehr erkennen, dass das weit weniger der Fall ist, als wir annehmen. Unsere Entscheidungen sind viel stärker von irrationalen Aspekten beeinflusst, als wir denken. [10]

> "Das größte unerforschte Gebiet auf der Welt ist der Raum zwischen den Ohren."
>
> William O'Brian

Von diesen sogenannten kognitiven Verzerrungen (englisch „cognitive biases") gibt es eine ganze Reihe. In diesem Kapitel stellen wir exemplarisch drei Verzerrungen vor:

- Priming
- Verlustaversion
- Versunkene Kosten

Wir zeigen auch kurz auf, was für bessere Entscheidungen getan werden kann.

Warum sind denn unsere Entscheidungen nicht rational? Der Grund liegt in der Funktionsweise unseres Gehirns. Hier sind zwei Prozesse bzw. Systeme am Werk: [11]
System 1: trifft schnelle und intuitive Entscheidungen auf der

Basis vorhandener Informationen. Die durch das System 1 getroffenen Entscheidungen werden nicht danach bewertet, wie gut die Datenbasis der Entscheidung ist. Vielmehr orientiert sich System 1 daran, in wie weit sich die zu den Daten gehörende Geschichte durch Kohärenz auszeichnet und für uns persönlich Sinn macht. System 2: trifft faktenbasierte Entscheidungen, sucht solange nach Informationen, bis eine ausreichende Entscheidungsbasis vorliegt. Dieser Entscheidungsweg ist langsam und verbraucht viel Energie.

Beide Entscheidungswege haben ihre Berechtigung, haben sich evolutionär entwickelt und waren für die Menschheit hilfreich beim Überleben. Kognitive Verzerrungen entstehen, wenn das System 1 dominant an der Entscheidungsfindung beteiligt ist.[12]

Damit ist ein kurzer Einblick gegeben, wodurch kognitive Verzerrungen entstehen. Im Folgenden werden drei Arten von Verzerrungen genauer beleuchtet:

Priming

Priming (deutsch „Bahnung“) bedeutet in der Psychologie, dass die Verarbeitung von Informationen (und damit das Treffen von Entscheidungen) und das Verhalten von Menschen durch vorherige Reize beeinflusst wird. Für diesen Effekt gibt es beeindruckende Belege aus der Forschung:

Studierende wurden in einem Versuch in einem Raum empfangen, wo ein Teil einem Priming bezüglich höherem Alter in Form von Fotos ausgesetzt waren (Golf, Krankenhaus, Florida...). Dann wurden sie in einem anderen Raum geschickt, wo ihnen gesagt wurde, dass der Versuch stattfinden würde. Tatsächlich wurde aber die Laufgeschwindigkeit der Studierenden auf dem

Weg gemessen. Und das erstaunliche Ergebnis: die Versuchsteilnehmer, die dem Priming „Ältere Menschen“ ausgesetzt waren, liefen deutlich langsamer im Vergleich zu der Gruppe, die diesem Priming nicht ausgesetzt waren.

Studierende wurden zur Verkostung einer neuen „experimentellen“ Biersorte eingeladen. Ihnen wurde gesagt, dass dem Bier ein wenig Balsamicoessig zugesetzt wurde. Nach dem Probetrinken sollten sie den Geschmack des Bieres bewerten. Tatsächlich bekamen sie ein handelsübliches Bier ohne Veränderung. Die Studierenden, die dem Priming „Geschmacksveränderung durch Essig“ ausgesetzt waren, beurteilten den Geschmack schlechter als Studierende, die diese Information vor dem Trinken nicht erhalten haben.

Weibliche Studierende mit asiatischen Wurzeln wurden zu einem Test mathematischer Fähigkeiten eingeladen. Ein Teil der Teilnehmerinnen wurde vor dem Test durch Fotos von Frauen bezüglich ihres Geschlechts geprimt, der andere bezüglich ihrer asiatischen Wurzeln. Der weibliche Stereotyp ist eher mit durchschnittlichen oder schlechten mathematischen Leistungen verbunden, der asiatische mit guten bis sehr guten mathematischen Leistungen. Und tatsächlich schnitten die Teilnehmerinnen, die dem Priming in Bezug auf ihre asiatischen Wurzeln ausgesetzt waren besser in dem Mathematiktest ab, als die Gruppe mit dem Priming bezüglich des weiblichen Stereotyp.

Auch bei Priming ist die große Herausforderung, dass es unbewusst und ungeplant stattfindet. Wir wissen in der Regel also nicht, dass wir durch einen vorherigen Reiz in unseren Entscheidungen oder Handlungen beeinflusst werden. Um die Möglichkeit verzerrter Entscheidungen zu verringern, ist es also wichtig, unser Denksystem 2 bewusst einzuschalten. Hier sind einige

Empfehlungen, wie die Effekte von Priming abgeschwächt oder nutzbar gemacht werden können:

- Wichtige Entscheidungen nicht sofort treffen, sondern am nächsten Tag, in einer anderen Situation noch einmal überdenken
- Bewusst nach beeinflussenden Faktoren der Situation und deren möglichen Einfluss auf die Entscheidung suchen
- Vor einer wichtigen Entscheidung die Situation bewusst aus verschiedenen Blickwinkeln anschauen, zum Beispiel sehr optimistisch, sehr kritisch, analytisch oder emotional (ähnlich den 6 Denkhüten von de Bono)
- Sich für eine Entscheidung ein passendes Umfeld schaffen (z. B. energetisch durch inspirierende Musik, jedoch nicht übermäßig euphorisch).

Verlustaversion

Als Verlustaversion wird die Tendenz beschrieben, Verlusten mehr Bedeutung beizumessen, als Gewinnen. Das heißt, dass ein Verlust von 100 Euro für die meisten Menschen stärker mit negativen Gefühlen und Gedanken verbunden ist als ein Gewinn von 100 Euro mit positiven Gefühlen und Gedanken. Das kann in unterschiedlichen Situationen zu nicht rationalen Entscheidungen führen.

Wir haben die Tendenz, an suboptimalen Situationen festzuhalten (Tendenz zum Status Quo). Ein Beispiel: Anna ist unglücklich in ihrem Job. Die Aufgaben sind deutlich weniger spannend, als sie ihr bei der Bewerbung geschildert wurden. Auch die in Aussicht gestellte Gehaltserhöhung nach 6 Monaten wurde nicht umgesetzt. Aber der Arbeitsweg ist praktisch, nur 10 Minuten zu Fuß, und auch die Kolleginnen und Kollegen sind nett. Anna zögert, einen neuen Bewerbungsprozess zu starten. Sie kann sich das selbst nicht erklären, denn sie weiß, dass sie den Job wechseln „muss", wenn sie beruflich vorankommen möchte. Ein Grund für ihr Zögern kann sein, dass sie den möglichen Verlust des kurzen Arbeitswegs und der netten Kollegen stärker gewichtet, als den Gewinn einer inhaltlich interessanteren Stelle.

Die Übergewichtung von möglichen Verlusten ist auch die Ursache für konservative Entscheidungen beim Sparen. Auch hier ein Beispiel: Paul hat in der letzten Beurteilungsrunde in seinem Unternehmen eine gute Bewertung und einen Bonus von 3.000 Euro erhalten. Diesen möchte er langfristig sparen. Er entscheidet sich für die sichere Option festverzinslicher Anleihen und gegen einen Fonds, der aus verschiedenen Aktienwerten besteht. Diese Entscheidung ist aus rationaler Sicht nicht optimal, da langfristig Kapitalmarktinvestitionen deutlich höhere Renditen abwerfen, als Staatsanleihen. Durch die Schwankungen von Kursen am Kapitalmarkt kann aber der Eindruck entstehen, dass das Risiko von Verlusten hoch ist. Diese möglichen kurzfristigen Verluste werden von Paul unbewusst stärker gewichtet, als die möglichen langfristigen höheren Erträge von Kapitalmarktinvestitionen. Und kosten ihn damit auf 15 Jahre gesehen eine nicht unerhebliche Summe Zinsen.

Was können Anna und Paul tun, um zu einer besseren Entscheidung zu kommen? Das ist nicht so ganz einfach. Denn das Verzwickte an kognitiven Verzerrungen ist, dass sie nicht so freundlich sind und anklopfen und Bescheid geben, dass wir gerade dabei sind, eine irrationale Entscheidung treffen. Vielmehr geht unser System 1 mit uns quasi durch und lässt uns diese irrationalen Entscheidungen treffen, ohne dass wir uns ihrer Irrationalität bewusst werden.

Bei wichtigen Entscheidungen ist es also extrem wichtig, die Situation einer bewussten Prüfung zu unterziehen: Welche möglichen Verluste und Gewinne sind mit einer Entscheidung verbunden? Welche Bedeutung messe ich diesen bei? Entspricht diese Bedeutung dem tatsächlichen Wert des Verlustes oder Gewinns? Sehr hilfreich kann es sein, diese Fragen nicht ausschließlich alleine zu beantworten, sondern mit jemandem zu diskutieren, um die eigenen „Blinden Flecken" aufzuhellen.

Versunkene Kosten

Versunkene Kosten (Sunk Cost Bias) erforschten die Psychologen Hal Richard Arkes und Catherine Blumer im Jahr 1985 mit einer Reihe von Experimenten. Bei diesem Bias geht es darum, dass man sich häufiger für die Fortsetzung eines Vorhabens entscheidet sobald man Geld, Aufwand oder Zeit in das Vorhaben investiert hat. [13]

In Experiment 1 mussten sich die Studenten, mit denen der Test gemacht wurde, folgendes vorstellen: Sie kaufen sich für $100 ein Ticket für ein Skiwochenende in Michigan. Kurz darauf entdecken sie ein viel besseres Skiwochenende in Wisconsin für $50, für das sie sich ebenfalls ein Ticket kaufen. Später bemerken sie dann, dass es der gleiche Termin ist und sie die Tickets nicht mehr zurückgeben können. Sie mussten sich also für eines der beiden Wochenenden entscheiden.
54% der Befragten entschieden sich für das Wochenende in Michigan, obwohl das Wochenende in Wisconsin das bessere ist. Ihre Entscheidung wurde also vom investierten Betrag beeinflusst,

obwohl diese Kosten bereits der Vergangenheit angehören. Dabei spielt das ja für das Wochenende keine Rolle mehr, sondern es ist relevant, welches der beiden Wochenenden das bessere Erlebnis darstellt.

Noch viel eindrucksvoller ist das Ergebnis in Experiment 2. Dort geht es um ein Projekt eines Luftfahrtunternehmens, das ein neues Flugzeug baut. Es wurden bereits neun Millionen Dollar investiert. Der Wettbewerber bringt zeitgleich ein schnelleres und günstigeres Flugzeug auf den Markt. Nun muss eine Entscheidung getroffen werden, ob eine weitere Million Dollar investiert werden soll, um das eigene Flugzeug fertig zu bauen. 85% der Befragten sprachen sich dafür aus, das weitere Investment zu tätigen, trotz der allgemein bekannten Volksweisheit „man soll schlechtem Geld kein gutes Geld hinterherwerfen"!

Hier noch drei Beispiele, wo man den Sunk Cost Bias im beruflichen und privaten Umfeld oft erlebt:

- Ein Großprojekt ist bereits weit fortgeschritten. Es wurde viel Geld und Zeit investiert. Auch wenn man merkt, dass man zu spät am Markt ist und daher wenig Chancen hat, wird das Projekt trotzdem fortgeführt. Wir alle kennen die Geschichte des Berliner Flughafens BER.
- Vor sechs Monaten hat man die Firma gewechselt. Es kommt ein Angebot für einen viel besseren Job bei einer anderen Firma. Trotzdem bleibt man in dem aktuellen Job, weil man ja viel Aufwand in die eigene Einarbeitung und das Kennenlernen neuer Kollegen gesteckt hat.
- Man zögert beim Verkauf von Aktien, welche teuer eingekauft wurden. Maßgeblich für die Entscheidung sollte aber nicht der Einkaufspreis, sondern das zukünftige Potential der Aktie sein.

Und nun?

Wir treffen unsere Entscheidungen nicht ausschließlich nach rationalen Gesichtspunkten – und das ist letztendlich auch gar nicht in jeder Situation wünschenswert und sinnvoll. In vielen Situationen ist es aber durchaus wichtig, eine Entscheidung auf Fakten und rationalem Schlussfolgern zu basieren. In diesem Beitrag wurden drei Verzerrungen aufgezeigt, die entstehen können, wenn unser nicht-rationales Denksystem die Oberhand gewinnt. Wenn wir wissen, dass wir eine Entscheidung von großer Tragweite treffen, sollten wir also bewusst unser rationales Denksystem einschalten, um dadurch die Gefahr kognitiver Verzerrungen zu minimieren.

Bei diesem Kapitel hat uns Ute Nitschke unterstützt, die sich als Psychologin viel mit dem Thema Biases beschäftigt. Mehr zum Thema Organisations-, Teamentwicklung und Agiles Coaching findest du auf ihrer Website[14].

Stacey Matrix

"Wenige Menschen denken, und doch wollen alle entscheiden."

Friedrich II., der Große, gen. der Alte Fritz

Weil unsere Welt sich aus dem Industriezeitalter verabschiedet und wir immer mehr zu Denkarbeitern werden, sind wir von den Veränderungen in der Arbeitswelt aufgefordert, viele neuen Entscheidungen treffen. Ohne zu oft mit dem VUCA-Fähnchen zu wedeln, möchten wir kurz eine Brücke zwischen dem an jeder Ecke lauernden „Wir müssen agil werden" und dem Pragmatismus schlagen. Manche Modelle sind sehr gut dafür geeignet, uns diese verwinkelte Denkaufgabe zu erleichtern. So auch die Stacey Matrix.

Wo kommt die "Stacey Matrix" her?

Die Stacey Matrix wurde von dem Professor für Management an der Hertfordshire Business School in Großbritannien Ralph Douglas Stacey entwickelt. Sie hilft zu verstehen, warum manches Vorgehen in bestimmten Situationen ungeeignet ist. Im Projektkontext kann man sich mit Hilfe der Stacey Matrix entscheiden, ob klassisches oder agiles Projektmanagement angemessen ist.

Stacey Matrix: horizontale und vertikale Achse

Die horizontale Achse der Stacey Matrix ist die Wie-Achse. Sie fragt nach dem Grad der Sicherheit, wie eine Aufgabe zu lösen oder eine Herausforderung zu meistern ist, um das bestmögliche Ergebnis zu erzielen.

Typische Fragen zur Orientierung sind:

- Wie sicher sind wir, dass unser Plan zum gewünschten Ergebnis führen wird?
- Wie klar ist es uns, wie wir vorgehen wollen?

Je größer die WIE-Sicherheit, desto näher befindet sich der Punkt am Nullpunkt der Achse.

Die vertikale Achse ist die Was-Achse. Sie erfasst die Klarheit der Ziele, die es zu erreichen gilt, und die Einigkeit über die Anforderungen, die die Problemlösung erfüllen muss.

Mögliche Fragen zur Orientierung sind hier:

- Wie genau sind die Ziele und Anforderungen definiert?
- Wie einig sind sich die Stakeholder des Vorhabens? Wollen sie alle das selbe Ergebnis? Sind deren Erwartungen und Wünsche gut vereinbar?

Je mehr Sicherheit über die WAS-Einigkeit, desto näher befindet sich der Punkt am unteren Ende der Achse.

Bei einem Projekt oder Vorhaben können sowohl die Ziele und Anforderungen, die zu erreichen bzw. zu erfüllen sind, als auch der bestmögliche Weg hierzu mehr oder weniger klar oder unklar sein.

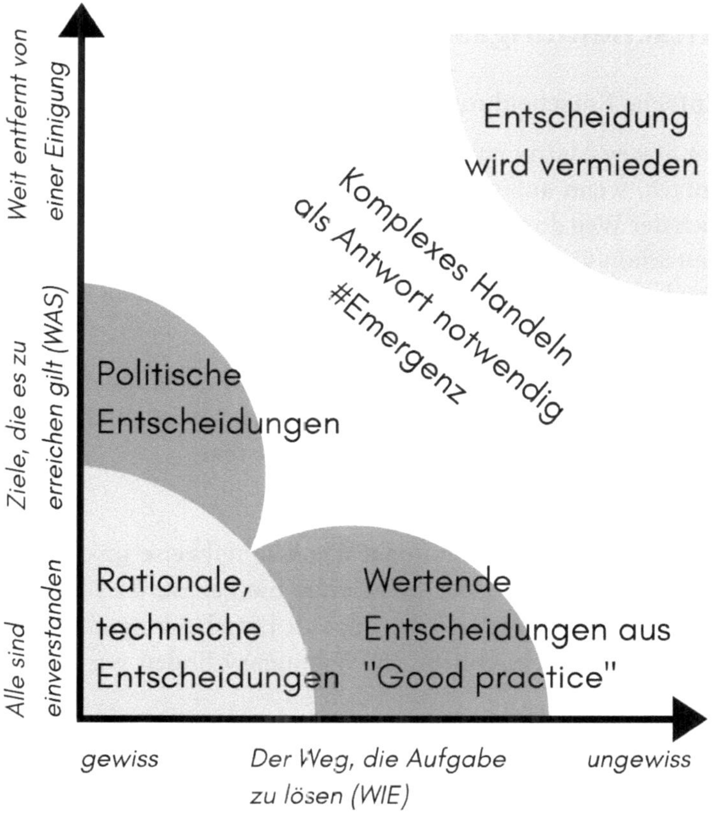

Stacey Matrix

Vier verschiedene Entscheidungssituationen

Einfache Entscheidungssituation

Der Stacey Matrix zufolge ist eine (Management-)Entscheidung einfach, wenn außer dem Ziel und den Lösungsanforderungen auch der Weg dorthin klar ist – zum Beispiel, weil das Unternehmen schon viel Routine im Lösen entsprechender Aufgaben hat. Hier kannst du mit Best Practice und optimierten Lean Prozessen arbeiten.

In der Sprache des Cynefin-Modells: Anschauen, einordnen, reagieren (=entscheiden). In der klassischen tayloristischen Wertschöpfung der Norm mit Leichtigkeit leistbar.

Komplizierte Entscheidungssituation

Sind jedoch das Was und/oder das Wie teilweise unklar, dann wird es kompliziert. Das Schwierige hierbei ist, dass das deutsche Wort "kompliziert" die nächste Entscheidungssituation – komplex – mit einschließt. Im Wiktionary finden wir folgende Beschreibung:

Objektiv ist etwas kompliziert, wenn es eine unnötig hohe Komplexität bzw. Vielschichtigkeit aufweist. Subjektiv erscheint etwas als kompliziert, wenn man nicht über das Wissen, das Können, die Intelligenz oder die Bereitschaft verfügt, es zu verstehen oder zu beherrschen. Daher ist Kompliziertheit immer negativ konnotiert. Diese Konnotation wird im Sprachgebrauch meist durch zusätzlich abwertende, rein deutsche Worte markiert: "zu kompliziert", "ziemlich kompliziert".

Die Stacey-Matrix hilft dir, dich in der komplizierten Situation für folgendes Vorgehen zu entscheiden: Anschauen, analysieren, reagieren. In der Praxis bedeutet das, du brauchst für deine Entscheidung zusätzlichen Rat oder eine andere Wissens- oder Datenquelle als die, die dir momentan vorliegt. Das „Analysieren" meint, sich dieses Wissen zu besorgen. Im dritten Kapitel findest du hierfür geeignete Werkzeuge und Methoden.

Komplexe Entscheidungssituation

Wir hatten früher mal einen Spruch: Wenn man nicht mehr weiter weiß, gründet man 'nen Arbeitskreis. Was ironisch gemeint war, macht in der heutigen Zeit durchaus Sinn, vor allem, wenn es sich bei der Situation, in der man nicht mehr weiter weiß, um eine komplexe Situation handelt.

Sind weder die Ziele und/oder Lösungsanforderungen, noch der Weg dorthin klar? Zum Beispiel, weil die Herausforderung neu ist, und das Unternehmen noch keine Erfahrung mit dem Lösen vergleichbarer Aufgaben gesammelt hat, also Neuland betritt? Dann ist die Entscheidungsfindung komplex, und es empfiehlt sich folgendes Vorgehen: probieren, anschauen, reagieren, erneut probieren, anschauen, reagieren usw. – also in iterativen Schleifen arbeiten, um sich allmählich dem Ziel, das oft noch nicht definitiv feststeht, zu nähern. Im Alltag spricht man hier schnell von Agilität, wir sind uns jedoch sicher, dass es andere Begriffe dafür gibt, z.B. in der Forschung und Entwicklung (mehr dazu im Kapitel „Entscheidungen in der Komplexität").

Geht es ins Chaotische? Erstmal Tee trinken

Chaotische Entscheidungssituation

Chaotisch wird die Entscheidungsfindung, wenn neben den Zielen sowie Anforderungen auch der Weg völlig unklar ist. Zum Beispiel, weil das Unternehmen zwar weiß „Wir müssen uns für die Zukunft wappnen", jedoch weder eine Einigkeit über das WAS, noch eine Sicherheit über das WIE hat. Es ist klar, dass etwas getan werden muss, aber es gibt keinerlei Orientierungshilfen oder Struktur. Pures (chaotisches) "Durchwurschteln" ist angesagt, in der Hoffnung, dass es gut geht. Handeln, wahrnehmen, reagieren.

Corona-Pandemie
Wenn wir mit der Stacey Matrix auf die Corona Situation im März 2020 schauen, dann würden wir die ersten Schritte im Entscheidungsprozess bei uns selbst, aber auch bei den Regierungen, dem chaotischer Bereich zuordnen. Nach und nach wurden jedoch klare Ziele für das Eentscheiden gesetzt, und ein halbes Jahr später gab es auch auf der WIE Achse immer mehr Klarheit und Gewissheit über die Zusammenhänge zwischen einer Entscheidung und dem Ergebnis. So einfach funktioniert dieses Modell.

Hilfreich?

Die Stacey Matrix ist ein wirkungsvolles Instrument, um Klarheit über ein Vorhaben oder Projekt zu gewinnen. Dieses ist vor allem in einem Team sehr wirkungsvoll, da die Einschätzungen darüber, was klar oder sicher ist, sehr unterschiedlich ausfallen können.

Hat man sich in der Teamdiskussion erst mal auf die Positionierung des Vorgehens geeinigt, geht es in dem zweiten Schritt

darum, die geeignete Vorgehensweise (oft: Projektmanagement-Methode) auszuwählen.
Für einfache und komplizierte Situationen ist das "klassische" Projektmanagement eine gute Wahl.
Für komplexe Situationen sollte man sich aus der agilen Kiste bedienen.
Und bei Chaos, nun, ganz ehrlich? Da lohnt es sich manchmal, einfach eine Tasse Tee zu trinken und abzuwarten, bis zumindest etwas klarer wird.

Effectuation - Entscheiden unter Ungewissheit

> “Entscheidungen haben sich nicht mehr nach vorhandenen Mitteln zu richten, sondern die Mittel werden durch Entscheidungen geschaffen.”
>
> Situ U Thant

Effectuation fällt gewissermaßen aus der Zeit und ist doch zeitlos und mehr als zeitgemäß zugleich. Klingt kryptisch? Ist es gar nicht.

Aus der Zeit gefallen

Effectuation fällt insofern aus der Zeit, als es sich sehr von anderen Moden, Trends und Hypes im Bereich Management, Organisation und Zusammenarbeit unterscheidet. Wahrscheinlich hast du noch nie davon gehört. Jedenfalls ergibt eine Suche auf Google am 25.04.2020 ungefähr 1,1 Millionen Treffer für “Effectuation”. Klingt viel. Ist im Vergleich mit ungefähr 61,5 Millionen Treffern für “Scrum” aber doch recht übersichtlich. Für “Design Thinking” finden wir zum selben Zeitpunkt ungefähr 18,3 Millionen Treffer, für “Lean Startup” immerhin ungefähr 4,3 Millionen. Noch eindeutiger fällt der Vergleich der Suchanfragen mit Google Trends aus. Und beim Versuch, eine Werbung für das Schlagwort “Effectuation” zu schalten, rät Google AdWords mir davon ab: Es sucht offensichtlich fast niemand nach diesem Begriff! Wahrscheinlich weil ihn ganz einfach kaum jemand kennt.

Wie kommt das? Anders als bei Scrum, Design Thinking oder auch Lean Startup liegt der Ursprung von Effectuation ganz klassisch in der universitären Forschung. Am 1. April 2001 erschien der erste wissenschaftliche Artikel "Causation and Effectuation: Toward a Theoretical Shift from Economic Inevitability to Entrepreneurial Contingency" von Saras D. Sarasvathy, die heute an der Darden School of Business der University of Virginia forscht und lehrt. Seitdem hat sich Effectuation in der Entrepreneurship Forschung etabliert, es wird weltweit geforscht. Doch in der Praxis ist Effectuation noch immer eher ein Geheimtipp.[15]

Warum ist diese Einordnung wichtig? Dass du noch nichts von Effectuation gehört hast, obwohl der Ansatz im selben Jahr wie z.B. das Agile Manifesto veröffentlicht wurde, bedeutet nicht automatisch, dass es nicht relevant oder nützlich ist. Nicht immer sind die lautesten Methoden die besten.

Zeitlos und zeitgemäß zugleich

Apropos Methoden: Im Ursprung ist Effectuation weder ein Werkzeug, noch ein Prozess oder eine andere Art neuer Wundermethode, die sich ein kluger Kopf ausgedacht hat und die sich dann durch kluges Marketing (und Glück) zum neuen Hype entwickeln konnte.

Tatsächlich stand am Anfang der Forschung die Frage: Wie entscheiden und handeln erfolgreiche Entrepreneure unter Ungewissheit? Dazu analysierte Saras in ihrer ersten Forschungsreihe das Verhalten von 30 erfahrenen Mehrfachgründern. Sie bekamen die Aufgabe, etwas gänzlich Neues zu gründen und sollten dann "laut denken", was sie tun und wie sie vorgehen würden. In der Analyse der Herangehensweisen fanden sich Muster, die überraschend klar im Widerspruch zu vielem standen, was man gemeinhin an Business Schools bzw. im BWL Studium zum Thema "Management" lehrt. Als Ergebnis beschrieb Saras "Effectuation" im Gegensatz zu "Causation" (also Management auf Basis kausaler Logik) anhand von vier Prinzipien. Diese Prinzipien beschreiben unternehmerische Haltung basierend auf beobachtetem Verhalten, sie sind also keine Erfindung!

Entrepreneurship oder "Unternehmertum" ist keine Mode. Es gab schon immer Menschen, die sich (bewusst oder unbewusst) dafür entschieden haben "etwas zu unternehmen" und so etwas Neues geschaffen haben. Die von Saras als Effectuation beschriebene unternehmerische Haltung ist somit gewissermaßen zeitlos. Und doch ist Effectuation gerade jetzt in Zeiten wachsender Komplexität und hoher Dynamik mehr als zeitgemäß. Denn eine solche unternehmerische Reise ins Ungewisse kann man auch als Abfolge von Entscheidungen betrachten. Und Entscheiden und Handeln unter Ungewissheit wird nicht nur für Unternehmensgründer immer wichtiger.

Warum also nicht von jenen lernen, die Erfahrung damit haben, wie man in komplexen Situationen gute Entscheidungen treffen und Erfolg haben kann?

Entscheiden wie ein erfolgreicher Entrepreneur

Wie jeder andere Ansatz ist auch Effectuation keine Erfolgsgarantie und vor allem auch nicht in jeder Situation die richtige Wahl. Es lohnt sich also, die Rahmenbedingungen genauer zu betrachten: Was genau ist also mit Ungewissheit gemeint?

Im Effectuation-Modell unterscheidet man Sicherheit, Risiko, Unsicherheit und Ungewissheit.

Entscheidungen unter Sicherheit sind einfach: Man weiß, was passieren wird und kann "mit Sicherheit" die beste Entscheidung treffen.

Im Fall von Risiko weiß man noch nicht, was passieren wird, doch die möglichen Ereignisse, deren Auswirkungen und Eintrittswahrscheinlichkeiten sind bekannt: In solchen Situationen lassen sich Entscheidungen auf Basis mathematischer Modelle optimieren und Maßnahmen ableiten, um Risiken zu vermeiden oder umzusetzen, wenn das Risiko tatsächlich eintritt.

Im Gegensatz zum Risiko sind bei Unsicherheit die Eintrittswahrscheinlichkeiten der möglichen Ereignisse noch nicht bekannt, die Betonung liegt auf "noch": Durch Stichproben, Tests, Marktforschung etc. lassen sich die Wahrscheinlichkeiten ermitteln, sodass Methoden aus der Risiko-Domäne anwendbar werden.

Mit Ungewissheit dagegen beschreibt eine Situation, in der selbst die möglichen Ereignisse nicht bekannt bzw. vorhersagbar sind. Nassim Nicholas Taleb hat dafür die eingängige Metapher "Der Schwarze Schwan" geprägt. Wer noch nie einen schwarzen Schwan gesehen oder davon gehört hat, kommt gar nicht auf die Idee, dieses Ereignis bei der Entscheidungsfindung zu berücksichtigen. Sobald der erste schwarze Schwan aufgetaucht ist, wechseln wir in das Modell "Unsicherheit" und können forschen, um herauszufinden, wie groß der Anteil schwarzer Schwäne an der Gesamtpopulation ist.

Zurück zu den Gründern: Wenn du ein neues Produkt für einen noch nicht existierenden Markt entwickeln möchtest, dann ist dies eine Situation mit hoher "Ungewissheit", da noch keinerlei

Erfahrungswerte existieren, weder zum Käuferverhalten noch zum Wettbewerb. Bei der Gründung der fünften Filiale eines Fast-Food-Restaurants in Berlin ist die Ungewissheit dagegen eher gering, da der Grad der Neuartigkeit überschaubar ist und valide Daten über Käuferverhalten und Konkurrenz vorliegen, um Entscheidungen "unter Risiko" treffen zu können.

Doch Vorsicht: Es kann jederzeit ein neuer "schwarzer Schwan" auftauchen! Und je komplexer und dynamischer das Umfeld, desto möglicher und gefährlicher ist das Auftreten. Eine globale Pandemie wie COVID19 mag für eingeweihte Wissenschaftler eher zur Domäne "Risiko" gehört haben, die hohe Dynamik der Maßnahmen und deren komplexe Wechselwirkungen und Auswirkungen auf die Menschen, die Gesellschaft, die Unternehmen und deren Geschäftsmodelle gehörten aber für die meisten Beteiligten und Betroffenen eher zur Kategorie "Schwarzer Schwan", waren also kaum vorhersagbar. Auf kausaler Logik basierende Entscheidungsmethoden sind in solchen Situationen offensichtlich nur begrenzt einsetzbar.

Und es muss gar nicht immer eine globale Katastrophe sein. Nokia, Kodak und andere ehemalige Marktführer können mehr als ein Lied davon singen, dass sie bestimmte Veränderungen in ihren Märkten nicht haben kommen sehen oder falsch eingeschätzt haben und letztendlich nicht in der Lage waren, auf diese veränderten Bedingungen erfolgreich zu reagieren.

Lange Rede, kurzer Sinn: In solchen Situation mit hoher Ungewissheit kann Effectuation der passende Ansatz für eine Entscheidungsfindung sein. Die dahinter liegende Haltung lässt sich wie folgt zusammenfassen:

Wer die Zukunft aktiv mitgestaltet, braucht sie nicht vorherzusagen!

Schauen wir uns die vier Prinzipien hinsichtlich guter Entscheidungen unter Ungewissheit genauer an.

Mittelorientierung statt Zielorientierung

Mittelorientierung statt Zielorientierung

Erfahrene Mehrfachgründer leiten ihre Handlungsoptionen und möglichen Ziele in Situationen hoher Ungewissheit von den eigenen verfügbaren Mitteln ab. Nicht umgekehrt!

Bei der Formung einer neuartigen Geschäftsidee spielen bei erfahrenen Entrepreneuren also insbesondere zu Beginn ihre persönlichen Interessen, das eigene Wissen und Können sowie ihr soziales Netzwerk eine entscheidende Rolle.

Was kann ich mit den Mitteln tun, die mir zur Verfügung stehen?

In der Welt der Startups wird der Ansatz, ein Geschäftsmodell nur aus eigenen Mitteln aufzubauen, ohne Kredite oder fremde Kapitalgeber ins Boot zu holen, häufig Bootstrapping genannt.

Entscheidend dabei ist, dass die eigenen Mittel sofort zur Verfügung stehen, man also sofort ins Handeln kommen, Erfahrungen machen und lernen kann.

Zielorientierung birgt u. a. die Gefahr, dass man bei der Planung feststellt, dass man noch Geld, Ressourcen, Experten etc. benötigt, um beispielsweise das geplante Produkt zu entwickeln. Also investiert man zunächst Zeit, um Investoren oder Kreditgeber zu finden und das Team zu vergrößern. Die Gefahr besteht darin, dass man daran scheitert bzw. aufgibt oder dass es so lange dauert, dass man von anderen überholt wird oder sich die Situation inzwischen wieder gänzlich verändert hat und man eigentlich das Ziel anpassen und neu planen müsste.

Die Orientierung an den eigenen Mitteln bildet somit auch einen Ausgleich zur alleinigen Kundenorientierung - der Erfolg liegt in der Schnittmenge beider Perspektiven: Wenn meine Mittel dazu führen, relevante Bedürfnisse meiner Kunden zu befriedigen.

Wie also kann Dir dieses Prinzip bei schwierigen Entscheidungen helfen? Indem es neue Optionen eröffnet. Wenn du also beispielsweise einmal nicht mehr weißt, wie du Dein Ziel erreichen kannst, weil du stark von anderen abhängig bist, dann kann es sich lohnen, einen Blick auf Deine eigenen Mittel zu werfen und Dir die Frage zu stellen:

Welche nächsten "eineinhalb Schritte" kann ich allein mit meinen verfügbaren Mitteln gehen? Welche möglichen "Workarounds" lassen sich mit meinen eigenen Mitteln umsetzen? Dadurch hast du gänzlich neue Möglichkeiten, kommst schnell ins Handeln und sammelst wertvolle Erfahrungen und Erkenntnisse für die kommenden Entscheidungen.

Ein kleines Beispiel noch zum Abschluss: Amazon Web Services (AWS) ist Marktführer für Cloud-Lösungen, jedenfalls zum Zeitpunkt des Schreibens dieses Textes. Amazon macht inzwischen mehr Umsatz mit AWS als mit dem Verkauf von physischen Waren. Und dieser Erfolg ist kein Resultat eines strategischen Plans, jedenfalls nicht zu Beginn. Amazon benötigte große Rechenkapazitäten für die eigene Logistik und baute weltweit eigene Rechenzentren auf. Irgendwann kam irgendjemand auf die Idee, die jeweils nicht selbst benötigten Rechenkapazitäten könne man doch auch anderen Firmen zur Verfügung stellen. Das gab es zu dem Zeitpunkt so noch nicht, jedenfalls nicht in dem großen Stil, in dem es Amazon und Microsoft und andere heute anbieten. So entstand auf Basis eigener Mittel ein sehr lukratives Geschäftsmodell.

Leistbarer Verlust statt erwarteter Ertrag

Leistbarer Verlust statt erwarteter Ertrag

Erfahrene Mehrfachgründer handeln stets so, dass sie sich den Verlust jederzeit leisten können. Sie begrenzen den potenziellen Verlust aktiv durch kleine Schritte! Sie probieren mehrere Alternativen aus, lernen schnell und treffen so immer bessere Entscheidungen.

Vielleicht denkst du jetzt: "So etwas habe ich aber doch im BWL Studium gelernt! Das nannte sich Design to Budget oder so ähnlich." Und damit hast du absolut recht! Doch Hand aufs Herz: In der Praxis entscheiden wir zumeist anhand des potenziellen, erwarteten Ertrags. In vielen Unternehmen wird über neue Projekte auf Basis von Wirtschaftlichkeitsrechnungen entschieden. Über Zuschüsse und Kredite für Gründer wird in der Regel auf Basis von mehrjährigen Geschäftsplänen entschieden. In Product Owner-Seminaren lehrt man, das Backlog auf Basis einer ROI-Berechnung (Aufwand versus Nutzen) zu sortieren.
Unter Risiko und Unsicherheit sind Marktanalysen und Investitionsrechnungen auch eine erfolgversprechende Vorgehensweise. Doch viele - natürlich nicht alle - Projekte, Produktentwicklungen und Neugründungen erfolgen unter Ungewissheit, unter hoher Dynamik und Komplexität. Bei echten Innovationen und in gänzlich unbekannten Situationen sind Entscheidungen auf Basis des erwarteten Ertrags nur eine "Glaskugelleserei", also reine Spekulation. Und der teilweise nicht unerhebliche Aufwand, der für die Erstellung einer Wirtschaftlichkeitsberechnung investiert wird, ist in solchen Situationen nichts anderes als Verschwendung.

Wie also kann Dir dieses Prinzip bei schwierigen Entscheidungen helfen? Indem es Dich vom Glaubenssatz "Du musst Dich nur anstrengen, ordentlich analysieren und rechnen, um eine gute Entscheidung zu treffen!" befreit und Dich ins Handeln bringt.

Verschwende unter Ungewissheit keine Zeit mehr für Analysen und langfristige Pläne, die morgen schon wieder obsolet sein könnten. Das schützt Dich nicht vor einem Totalverlust durch einen "schwarzen Schwan". Mache stattdessen kleine Schritte und bleibe wachsam. Je weiter du kommst, je mehr du lernst, desto größer können Deine Schritte werden, umso länger Deine Pläne, umso größer Dein Einsatz.

Wie weit kann ich gehen, was kann ich alles einsetzen, um bei einem Verlust noch handlungsfähig zu sein? Was kann ich mir maximal leisten zu verlieren?

In unterschiedlichen Situationen kann es helfen, unterschiedliche Begriffe zu verwenden, um eigene Denkmuster zu durchbrechen: "Investition" suggeriert Berechenbarkeit und Planbarkeit. Selbst wenn der Kopf versteht, dass es Risiken gibt, geht der Bauch davon aus, dass sich der prognostizierte Ertrag zum Ende auch einstellen wird. Anders verhält es sich - in der Regel - beim Wort "Wette": Die meisten Menschen sind sich bei einer Wette der Gefahr des Totalverlustes bewusst, auch der Bauch signalisiert das mit einem "mulmigen Gefühl", jedenfalls wenn der Einsatz eine gewisse Schwelle überschreitet.

Wichtiger Hinweis: Schaue nicht ausschließlich auf den monetären Einsatz! Auch den Zeitaufwand sollte man limitieren. Und nicht nur das: Limitiere auch Deinen Einsatz hinsichtlich Ansehen, Reputation, Freundschaften, Familie und was Dir sonst noch wichtig ist.

Ein kleines Beispiel noch zum Abschluss: Auch Venture Capital Unternehmen, also Firmen, die in hochinnovative Startups investieren, handeln so: Sie begrenzen den potenziellen Verlust, indem Sie ihre Gesamtinvestition auf viele Startups verteilen.

Dann ist es nicht schlimm, wenn einige Startups kein großer Erfolg werden. Dabei gilt: Je jünger die Startups, umso höher die Ungewissheit, desto geringer das jeweilige Investitionsvolumen. Und umgekehrt.

Partnerschaften statt Konkurrenz

Partnerschaften statt Konkurrenz

Erfahrene Mehrfachgründer fragen potenzielle Partner aus ihrem Umfeld, ob sie mitmachen wollen und was sie zum Vorhaben beitragen können. Sie treffen Vereinbarungen mit jenen, die sich aktiv einbringen! Sie sind offen für Co-Creation, um die Idee voran zu bringen.

In einer planbaren Situation würde man die perfekte Lösung konzipieren, um das konkrete Ziel zu erreichen. Die dazu fehlenden Mittel würde man beispielsweise durch Lieferanten abdecken. Um die besten Konditionen zu bekommen, würde man die benötigten Zulieferungen möglichst exakt definieren und ausschreiben. Anschließend muss man nur noch die Prozesse und Schnittstellen koordinieren und eventuell einzelne Lieferanten austauschen. Eine effiziente Lösung, wenn es vor allem um Preisvorteile geht.

Unter Ungewissheit ist ein solches Vorgehen jedoch gefährlich:

1. Es dauert unter Umständen zu lang, bis man alle Puzzle-Teile zusammen gesetzt bekommt. Bis dahin haben sich Konkurrenten eventuell schon große Marktanteile gesichert.
2. Selbst wenn wir schnell genug sind, kann es passieren, dass unsere Lösung nicht die Richtige ist, jedenfalls nicht so viele begeisterte Kunden findet wie wir angenommen hatten. Also müssen wir flexibel anpassen: Das Produkt, das Geschäftsmodell und damit auch das komplizierte Konstrukt unserer Zulieferer. Das kostet wiederum Zeit und Geld.
3. Und selbst wenn wir schnell genug waren und unsere Lösung am Markt sogar gefeiert wird, dann können wir nur hoffen, dass sich so schnell nichts daran ändert. Sobald ein Wettbewerber die Situation verändert, landen wir doch schnell bei Punkt 2.

In ungewissen Situationen weiß man zu Beginn noch nicht, welche Option später erfolgreich sein wird. Deshalb ist es auch unmöglich, die notwendigen Zulieferungen zu definieren und die passenden Partner bzw. Lieferanten zu finden. Die Zeit kannst du anders besser einsetzen.

Die Option, einfach allein weiter zu machen, liegt zwar nahe, ist in vielen Situationen aber gar nicht möglich. Erfahrene Gründer wählen intuitiv einen dritten Weg und suchen sich Partner, die die eigene Vision und Mission teilen.

Wer bringt sich aktiv ein? Mit wem kann ich mir vorstellen, gemeinsam erfolgreich zu sein?

Denn in komplexen Situationen ist es riskant, ausschließlich auf die eigene Perspektive zu vertrauen. Vielfältige Perspektiven ermöglichen vielfältige Lösungsoptionen, mit denen man flexibler auf die hohe Dynamik reagieren kann.

Das bedeutet zugleich, dass man auch loslassen können muss. Eine echte Partnerschaft auf Augenhöhe bedeutet nicht nur, dass der neue Partner seine bzw. ihre Mittel einbringt, sondern auch die ganz eigenen Vorstellungen. Die bis dahin eigene Idee wird sich durch Co-Creation vermutlich anders entwickeln, als im stillen Kämmerlein. Vermutlich wird sie sich so erfolgreicher entwickeln.

In der Startup-Welt lautet ein Grundprinzip "Get out of the Building". Also: Gehe raus und sprich mit Menschen über Deine Idee. Nur so bekommst du Feedback, nur so hast du die Chance, einen echten Partner zu finden, der mit Dir gemeinsam Deine Idee voran bringt. Die Angst, jemand könne einem die eigene Idee klauen, ist in den meisten Fällen komplett unbegründet. Erstens ist die Wahrscheinlichkeit, dass man eine einzigartige Idee hat, die so wirklich noch nie jemand hatte, sehr sehr sehr gering. Und zweitens ist es erst einmal nur eine Idee - klauenswert wird sie erst dann, wenn man bewiesen hat, dass die Idee erfolgreich ist. Doch die wenigsten schaffen es ganz allein, eine Idee zum Erfolg zu bringen. Selbst Solopreneure tauschen sich untereinander aus und helfen sich gegenseitig.

Wie also kann Dir dieses Prinzip bei schwierigen Entscheidungen helfen? Indem es Dich von der Bürde befreit, du müsstest alles selbst entscheiden und machen. Wenn du also eine schwierige Entscheidung zu treffen hast: Sprich mit anderen darüber, hole Dir Rat ein, beziehe andere Beteiligte und Betroffene aktiv in die Entscheidungsfindung mit ein. Und wenn du es wirklich ernst meinst, dann teile die Verantwortung und hole einen Partner mit ins Boot. Sei dann aber auch darauf gefasst, dass so eventuell eine gänzlich andere Lösung dabei herauskommen wird, als du Dir zuvor hättest vorstellen können.

Ein kleines Beispiel noch zum Abschluss: Du erinnerst Dich an das Beispiel zu Amazon Web Services (AWS)? Wusstest du, dass Netflix größtenteils auf Basis von AWS läuft? Obwohl Netflix gleichzeitig der aktuell größte Konkurrent von Amazon Prime Video ist. Amazon gewinnt in jedem Fall. Da dieses Beispiel zugegebenermaßen nicht hundertprozentig passt, soll noch Open Source Software als durchaus erfolgreiches partnerschaftliches Modell erwähnt werden. Bei vielen Open Source Projekten kommen auf Basis einer gemeinsamen Vision/Mission engagierte Menschen zusammen, um gemeinsam etwas Neues zu entwickeln. Und das klappt, ohne dass eine zentrale Instanz ein Konzept erstellt und dann die besten Experten sucht und beauftragt, um dieses Konzept umzusetzen. Konzept und Ergebnis entstehen emergent, in selbstorganisierter Zusammenarbeit. Denke an Musikbands, die sich "zufällig" finden und eine gemeinsame Mission verfolgen, eine bestimmte Art von Musik zu machen, bei der jedes Mitglied sich aktiv einbringt. Vergleiche solche Bands dann mit gecasteten Girl/Boy Groups. Wer ist innovativer? Welche "Teams" sind nachhaltig erfolgreicher?

Umstände und Zufälle suchen und nutzen statt Risiken zu vermeiden

Zufälle suchen statt Risiken vermeiden

Wahrscheinlich ist vielen bekannt, dass Penicillin eher zufällig entdeckt wurde. Dr. Alexander Fleming experimentierte in seinem Labor mit Staphylokokken. Vor seinem Sommerurlaub vergaß er einige Petrischalen, in denen er das Bakterium angesetzt hatte. Nach seiner Rückkehr stellte er fest, dass in einigen der Schalen ein Schimmelpilz wuchs, der die Staphylokokken an ihrem Wachstum hinderte. Gott sei Dank gab es in diesem Labor keine Clean-Desk-Policy. Wer weiß wie lange wir sonst noch auf das lebensrettende Medikament Penicilin gewartet hätten.

Auch die Entdeckung Amerikas durch Christoph Kolumbus war so nicht geplant. Und vielleicht kennt Ihr auch die Geschichte, wie die nicht nur in agilen Workshops so beliebten Haftnotizen entstanden sind. Dr. Spencer Silver war Mitarbeiter der Minnesota Mining and Manufacturing Company, besser bekannt als 3M. Sein Ziel war stärkere Klebstoffe zu entwickeln. Seine Entdeckung ließ sich aber leicht ablösen und entsprach somit ganz und gar nicht den Vorgaben. Ein klassischer Fail! Dr. Silver war aber etwas ignorant und hörte nicht auf, seinen Kollegen von der Entdeckung zu erzählen (damit ist er vermutlich auch der inoffizielle Erfinder von Fuckup-Nights). Einer dieser Kollegen war Art Fry. Der hatte jeden Sonntag eine negative Überraschung. Beim Sonntagsgottesdienst waren die Lesezeichen aus dem Chorbuch gefallen. Könnte man nicht den Kleber von Spencer Silver…? Das Produkt, das die beiden entwickelten, hatte vermutlich jeder von uns schon mal in der Hand – das Post-It. Der Legende nach ist die Farbe Kanariengelb übrigens auch nur Zufall. Im Labor nebenan war noch gelbes Schmierpapier vorrätig.

Zwei nicht ganz so bekannte Beispiele möchten wir noch ergänzen:

Die Erfindung der Mikrowelle zum Erwärmen von Speisen war

ebenfalls nicht geplant. Im Rahmen eines militärischen Projektes fiel einem Ingenieur auf, dass bei jeder Aktivierung dieser neuen Strahlen sein Schokoriegel schmolz.
Der Erfinder der Teebeutel, ein erfolgreicher Teehändler, wollte seinen besten Kunden die Proben neuer Teesorten zum Probieren eigentlich nur etwas schöner verpacken. Die Kunden sollten die hübsche Schleife lösen und den kostbaren Inhalt der kleinen Seidensäckchen wie gewohnt zum Aufbrühen leckeren Tees verwenden. Beim Besuch einer seiner Kunden sah er, dass das Seidensäckchen selbst den Weg in heißes Wasser fand. Hätte er nun seinen Teeproben einen Warnhinweis samt detaillierter Beschreibung richtiger Handhabung beigefügt, hätte er diesen Zufall nicht als Chance erkannt. Dann gäbe es keine Teebeutel. Oder jemand Anderes hätte die Gelegenheit erkannt. Ebenso hätte man, statt das Potenzial der neuartigen Mikrowellen für die Erwärmung von Speisen, auch klassisches Risikomanagement betreiben können: Keine Schokoriegel mehr in den Versuchslaboren zulassen oder Hosen mit Bleischutz für die Ingenieure ausgeben.

Gar nicht auszudenken, wie anders die Geschichte verlaufen wäre, wenn die jeweiligen Entdecker ihre Entdeckung nur als Scheitern/Problem auf ihrem eigentlich geplanten Weg betrachtet hätten. Was wäre wenn sie nicht die Offenheit gehabt hätten, darin auch eine Gelegenheit und Chance zu sehen und diese zu ergreifen. Bei der Mikrowelle, Haftnotizen und Teebeutel mögen sich die Auswirkungen noch in Grenzen halten. Bei der Entdeckung Amerikas und besonders bei der Erfindung von Penicillin sähe die Welt heute sicher anders aus.

Was helfen uns nun diese Beispiele, um bessere Entscheidungen zu treffen? Es klingt vielleicht etwas platt, aber wir sind davon überzeugt, dass es gerade bei diesem Prinzip eine Haltungsfrage ist: Überraschungen passieren. Punkt. Die Frage ist, ob du all diese Überraschungen eher als Gefahr/Problem ansiehst und versuchst, Überraschungen durch elaboriertes Risikomanagement möglichst zu minimieren. Versuchst du für alle denkbaren Eventualitäten einen Plan B parat zu haben, wohl wissend, dass es nie gelingen wird, das Undenkbare voraus zu ahnen? Oder denkst du lieber unternehmerisch und betrachtest Überraschungen zunächst einmal neugierig. Vielleicht verbirgt sich darin auch eine Chance.

Das Schöne: Diese Haltung kann man durchaus trainieren. Zum Beispiel indem man sich regelmäßig die Zeit nimmt, über Überraschungen zu reflektieren:

- Welche Überraschungen sind mir gestern passiert?
- Was hätte ich machen können, um daraus einen glücklichen Zufall zu machen?

Mit der Zeit "justiert man so die eigenen Antennen", um Überraschendes immer schneller/besser zu erkennen und vor allem auch die Chancen darin.

In Verbindung mit dem Prinzip, die Gefahr einer falschen Entscheidungen explizit durch einen Leistbaren Verlust zu beschränken, kann jeder anfangen und kleine Schritte ins Ungewisse wagen, also Zufälle als Chancen zu nutzen.

Genauso kann man dem Zufall auch aktiv Chancen einräumen! Damit meinen wir nicht, dass man offenen Auges bekannte und nachweislich gefährliche Risiken eingehe sollte. Aber man kann zum Beispiel eines der Lean Startup-Grundprinzipien "Get out of the Building" wörtlich nehmen und auf unbekannten Veranstaltungen ungeplant auf Menschen treffen, die sich vielleicht zufälligerweise als potenzielle Partner herausstellen werden.

Zusammengefasst: Entrepreneure entscheiden sich dafür, Zufällen explizit Chancen einzuräumen. Wenn sie einen Zufall entdecken, dann halten sie sich die Entscheidung offen, ob es sich um eine Gefahr handelt oder um eine Chance.

Fazit

Unternehmerische Haltung nach den vier Effectuation-Prinzipien klingt ganz einfach und nach gesundem Menschenverstand. Und doch handeln und entscheiden wir auch unter Ungewissheit/Dynamik häufig anders, als ginge es nur um komplizierte und nicht um komplexe Situationen.

Auf effectuation.at[16] findest du einen kostenlosen, so genannten PAVE-Test. Damit kannst du herausfinden, wie viel Effectuation (und wie viel Planung, wie viel Adaption und wie viel Vision) in dir steckt. Spoiler: In jedem steckt auch Effectuation! Manchmal ist diese Haltung in uns verschüttet, versteckt oder wir lassen sie nicht zu. Was eigentlich sehr schade wäre, wenn wir diese Option für gute Entscheidungen unter Ungewissheit nicht nutzen würden.

Bei diesem Kapitel hat uns Heiko Bartlog tatkräftig unterstützt, der als Berater unternehmerisches Denken seiner Kunden fördert. Mehr zum Thema Effectuation, Innovation und Projektmanagement findest du auf seiner Website[17].

Drehtüren und Türen mit Knauf

"Und es kam der Tag, da das Risiko, in der Knospe zu verharren, schmerzlicher wurde als das Risiko, zu blühen."

Anaïs Nin

Über das Denkmodell der Türen sind wir zum ersten Mal 2019 in einem Artikel von Förster und Kreuz gestoßen.[18] Tatsächlich wird das Modell wohl schon seit den 1990ern bei Amazon praktiziert. Dort unterscheidet man zwischen zwei Arten von Entscheidungen.[19]

Die Typ 1 Entscheidung hat signifikante Konsequenzen und lässt sich nicht oder nur sehr schwer rückgängig machen. Diese Entscheidungen werden bei Amazon mit Sorgfalt und langsam getroffen. Die Optionen werden methodisch analysiert, es werden Experten konsultiert und erst nach reiflicher Überlegung eine Entscheidung getroffen. Stell dir diese Entscheidungen vor, wie das Verlassen einer Wohnung ohne einen Schlüssel. Innen ist ein Griff, die Tür lässt sich leicht öffnen. Außen ist nur ein Knauf. Wenn du durch die Tür gehst, sie schließt und du möchtest wieder zurück heißt die Lösung Schlüsseldienst. Das kann ziemlich teuer werden. In vielen Unternehmen werden Entscheidungen nach diesem Schema getroffen. Es werden Zahlen, Daten und Fakten analysiert. Experten werden konsultiert und Entscheidungsvorlagen in Gremien vorgestellt bis schließlich eine Entscheidung fällt.

Typ 1 Entscheidungen sind aber nur ein geringer Prozentsatz aller Entscheidungen bei Amazon. Die meisten Entscheidungen sind Typ 2 Entscheidungen. Diese sollen schnell und entweder von Einzelpersonen oder kleinen Gruppen mit entsprechendem Urteilsvermögen getroffen werden. Das passt zur Zwei-Pizza Regel bei Amazon. An Besprechungen sollen nicht mehr Personen teilnehmen, als von zwei Pizzen satt werden. Warum werden diese Entscheidungen ohne große Analyse und Überlegung getroffen? Ganz einfach, weil sie leicht reversibel sind. Du kannst dir Typ 2 Entscheidungen wie eine Zimmertür vorstellen. Auf beiden Seiten ist ein Griff und man kann jederzeit vor und zurück. Oder wie eine Drehtür. Sobald man ins Innere gelangt und es gefällt einem nicht, kann man sofort wieder zurück.

Es lohnt sich also bei jeder Art von Entscheidung zu prüfen, um welchen Typen bzw. welche Tür es sich handelt. Bei den Typ 2 Entscheidungen, der Drehtür, ist langes Zögern nicht angebracht. Geh durch die Tür, denn du kommst jederzeit zurück.
Bei den Typ 1 Entscheidungen lohnt sich ein zweiter Blick. Manchmal sieht es bei der Entscheidung so aus, als sei ein Knauf auf der anderen Seite. In Wahrheit ist aber eine Klinke dran. Oder ihr schraubt einfach eine Klinke dran, wie Förster und Kreuz in ihrem Artikel empfehlen. Das machte zum Beispiel Richard Branson beim Kauf des ersten Flugzeugs für Virgin Atlantic. Er verhandelte eine Rückgabeoption mit Boeing für den Fall dass sein Unternehmen nicht erfolgreich wird. [20]

Zum Verdeutlichen haben wir wieder ein kleines Praxisbeispiel für dich. Johanna bekommt von ihrer Firma das Angebot, für drei Jahre als Expat nach Südamerika zu gehen, um dort das Geschäft zu expandieren. Johanna ist ein großer Fan von Südamerika und die Stelle wäre ein wichtiger Meilenstein für ihre Karriere. Sie ist sich aber unsicher, ob es ihrem Freund in Südamerika gefällt. Sie möchte ihre Beziehung auf keinen Fall aufs Spiel setzen. Der Preis wäre ihr zu hoch. Auf den ersten Blick sieht die Entscheidung wie eine Typ 1 Entscheidung aus, die wohl überlegt werden will. Johanna kann eine Klinke dran schrauben und die Entscheidung in eine Typ 2 Entscheidung verwandeln, indem sie ihre Bedenken mit ihrem Chef teilt und eine Rücktrittsoption verhandelt, die ihr bis zu sechs Monate die Rückkehr in die aktuelle Position ermöglicht.

Schau doch mal, wo du jemand anderem einen Griff an eine Entscheidung schrauben kannst. Amazon schraubt seinen Kunden einen Griff an die Kaufentscheidung. Innerhalb von 14 Tagen kann man seine Bestellung ohne Mehrkosten zurücksenden. Auch andere Händler und Dienstleister bieten eine Geld-zurück-Garantie.

Ideen gefällig?

- Wie der Chef von Johannes, kannst du deinem Mitarbeiter eine Karriereentscheidung leichter machen, in dem du ihm ein Rückfahrticket gibst.
- Du bewirbst dich auf deinen Traumjob. Mach dem neuen Arbeitgeber die Entscheidung leichter, indem du eine Woche auf Probe arbeiten anbietest.

3. Werkzeuge und Methoden

> Sage nie: “Dann soll’s geschehn!”
> Öffne dir ein Hinterpförtchen
> durch “vielleicht”, das nette Wörtchen,
> oder sag: “Ich will mal sehen!”
>
> Wilhelm Busch

Eigentlich sollte an dieser Stelle eine Landkarte oder Wenn-Dann-Liste stehen. Welches Werkzeug nehme ich für welche Situation? Nadja hatte sogar schon eine Landkarte gemalt. Aber irgendwie rebellierte unser Bauchgefühl. Als wir etwas genauer hinhörten grummelte es: “A fool with a tool is still a fool”. So entschieden wir uns auf diese Übersicht zu verzichten.
Denn was nutzt es dir, wenn wir dir für eine bestimmte Situation ein dir unbekanntes Werkzeug empfehlen. Die Entscheidung drängt und weil du Zeitdruck hast, geht die Anwendung des Werkzeugs schief. Dann ist das Werkzeug verbrannt und mit der Entscheidung bist du am Ende vielleicht auch nicht glücklich. Da ist es doch besser du nimmst ein Werkzeug, dass dir schon recht gut von der Hand geht, aber vielleicht nicht die perfekte Methode ist.

Weil wir dich aber nicht nicht ratlos vor dem Werkzeugkoffer stehen lassen wollen, haben wir hier eine Handvoll Impulse für die Nutzung des Werkzeugkoffers. Mach dir nichts draus, wenn du die genannten Methoden noch nicht kennst. Wir werden diese auf den nächsten Seiten vorstellen.

- Wie du in Kapitel 2 gelernt hast, sind die meisten Entscheidungen vom Typ 2, also Drehtüren. Mach dir also nicht so einen großen Kopf, was das beste Vorgehen ist. Selbst wenn sich die Entscheidung als nicht optimal herausstellt, du kannst jederzeit zurückgehen.

- Ist es eine einfache, komplizierte oder komplexe Situation? In komplexen Situation helfen Werkzeuge, die unterschiedliche Perspektiven berücksichtigen. Hier gibt es oft keine klaren Optionen, kein schwarz-weiß, sondern viel sowohl-als-auch. Der konsultative Einzelentscheid kann hier gute Dienste leisten.
- "Allen Menschen recht getan, ist eine Kunst, die niemand kann" wusste schon die Oma von Tobias. Viele Menschen in eine Entscheidung einzubinden, kann Widerstände reduzieren und Unterstützung erhöhen. Andererseits kann das die Entscheidung auch furchtbar langsam machen. Nadja wäre bei 84 Meinungen zum Buchcover fast verzweifelt, wie du in Kapitel 5 nachlesen kannst.
- Wieviel Wissen ist vorhanden? Gibt es Zahlen, Daten und Fakten lässt sich eine Entscheidungs-Matrix recht leicht füllen. Ist wenig bis kein Wissen vorhanden, kann ein Münzwurf genau das richtige Vorgehen sein.
- Experimentiere und variiere! Genau wie es nicht den einen Schraubenzieher gibt, gibt es auch nicht die eine Variante eines Werkzeugs. Eine Entscheidungs-Matrix kann man am Flipchart gemeinsam im Teamworkshop füllen. Man kann sie aber auch asynchron über einen längeren Zeitraum in einem online Tabellentool füllen. Ein Konsens als Team von fünf Personen kann eine ganze Weile dauern. Andererseits gibt es Unternehmen, die schaffen es per Konsens mit Tausenden von Menschen schnell Entscheidungen zu treffen.

Deswegen überlassen wir dir die Entscheidung, welches Werkzeug gut zu deiner Situation passt. Es ist auch nicht verkehrt, mehrere Werkzeuge auszuprobieren. Im vierten Kapitel stellen wir übrigens den Decision Poker vor. Damit könnt ihr spielerisch im Team das passende Werkzeug bestimmen.

Einzelentscheid

„Du kannst nicht wählen, wie du stirbst oder wann.
Aber du kannst bestimmen, wie du lebst. Jetzt!“

Joan Baez

Was ist der Einzelentscheid?

Im Leben treffen wir ständig Einzelentscheide. Das heißt wir treffen die Entscheidung ganz für uns selbst. Wie du in den vorherigen Kapiteln gelernt hast, finden viele Entscheidungen voll automatisch statt.
Auch bei den bewußten Entscheidungen passiert das oft in kürzester Zeit. Es gibt aber auch viele Situationen, wo uns das Entscheiden schwerfällt. Manchmal können wir noch nicht einmal die verschiedenen Optionen klar benennen.
Zu allem Überfluss gibt es auch noch zahlreiche Verzerrungen. Einige davon kennst du vielleicht schon aus dem Kapitel Bias.

Die School of Life empfiehlt daher für gute Entscheidungen eine ausreichende Anzahl von verschiedenen Perspektiven.[21] Bevor wir dir die Anwendung der Methode und fünf Perspektiven zeigen, wollen wir dir eine beispielhafte Entscheidungssituation vorstellen.

Susanne hat gerade ihre letzte Abiturprüfung geschafft. Neben der Freude auf die Feierlichkeiten und eine wohlverdiente Urlaubsreise, quält sie aber die Frage was sie nach dem Abitur beruflich machen soll.
Bei der Berufsberatung der Arbeitsagentur gibt es erste Anhaltspunkte. Ihre beiden Leistungskurse Physik und Deutsch sind für den Berater Ausgangspunkt für mögliche Wege. Naturwissenschaftliche Studien wie Maschinenbau oder Luft- und Raum-

fahrttechnik liegen im Anschluss als Optionen auf dem Tisch. Weil sie als Nebenjob auch Nachhilfe in Deutsch gibt, wäre doch auch Lehramt interessant, meinte der Berufsberater. Gute Lehrer werden immer gebraucht und als Beamter hat man später eine sichere Position.
Susanne hat aber das Gefühl, dass noch nicht alle möglichen Optionen auf dem Tisch sind. Sie kann sich auch für keine der Optionen entscheiden.

Fünf Perspektiven

Die vorgestellte Methode bzw. Herangehensweise ist vom Vorgehen recht simpel. Es geht darum, sich die Fragestellung aus möglichst unterschiedlichen Perspektiven anzusehen. Das reduziert zum einen die Gefahr von Verzerrungen. Zum anderen zeigt es dir aber auch weitere Optionen auf. Die fünf Perspektiven der School of Life lauten - Feind, Bauch, Tod, Vorsicht und Mut. Spielen wir das mal an Susannes Beispiel durch.

Die Perspektive "Dein größter Feind"

Was würde Susanne's größter Feind empfehlen?

"Also irgendwas mit Finanzen wäre doch perfekt für dich Susanne - Zahlen, Daten, Fakten, Rechenblätter. Ich könnte mir dich echt gut im Controlling oder als Finanzbeamte vorstellen". "Nein, damit kannst du mich jagen", denkt sich Susanne. Damit weiß sie schon mal in welche Richtung es nicht gehen soll. "Und falls ich studiere, an welcher Universität siehst du mich?", hakt Susanne nach. "Na am besten in irgendeiner Kleinstadt. Irgendwo in der Provinz. Da sind die Mieten günstig und die Uhren gehen noch

etwas langsamer."
Dann wäre das auch geklärt. Genau das will Susanne nicht. Sie liebt das Leben in Hamburg und genießt das umfangreiche Kulturprogramm - Theater, Lesungen, Konzerte.

Die Perspektive "Bauch"

Der Bauch ist ein scheuer Genosse und spricht recht leise. Am besten man gönnt sich für diese Perspektive etwas Ruhe und Zeit alleine. Dann können wir Susannes Bauch folgendes sagen hören:

"Du liebst Bücher. Wie viele hast du im letzten Jahr gelesen? Über 30 oder? Und das obwohl du dich aufs Abitur vorbereitet hast und die Fachliteratur noch gar nicht eingerechnet ist. Naturwissenschaften? Ich weiß ja nicht. Da sind doch auch wieder Zahlen, Daten, Fakten und der ganze Mathekram dabei. Ja ich weiß, dass Physik ganz spannend war. Aber das sind doch eher die Experimente, die dir da so viel Freude bereitet haben, oder?"
Auch aus dieser Perspektive bekommt Susanne wichtige Hinweise.

Die Perspektive "Tod"

Die Perspektive Tod nimmt Susanne mit auf eine Reise in die Zukunft. Susanne sieht sich als 80-jährige in einem Seniorenheim. Die Tage ihres Lebens sind gezählt. Wie fühlen sich die verschiedenen Karrierepfade, die auf dem Tisch liegen, für sie an? Knapp 40 Jahre die gleichen Fächer an einer Schule unterrichten? Na klar, die Inhalte ändern sich über die Zeit. Aber irgendwie fühlt sich das nicht gut an.
Dann stellt der Tod Susanne noch eine weitere Frage: "Was wenn

du nur noch 3 Jahre zu leben hättest?".
Auf jeden Fall möchte Susanne mal längere Zeit im Ausland gelebt haben. Wenn es denn ein Studium wird, dann ist ein Auslandssemester auf jeden Fall Pflicht.

Die Perspektive "Vorsicht"

"Vorsicht ist die Mutter der Porzellankiste" hat Susannes Oma immer gesagt. Auch Susanne ist nicht so die Draufgängerin. Die Perspektive Vorsicht ist regelmäßig bei Susanne präsent. Es fällt ihr also leicht, diese Perspektive einzunehmen.
Ich hätte gerne einen Job in einer Festanstellung mit einem guten Gehalt. Susanne studiert Gehaltstabellen. Pilotin und Fluglotsin landen als weitere Option auf ihrer Liste. Mit einem akademischen Abschluß in der Tasche bekommt man grundsätzlich Jobs mit mehr Verantwortung. Aus dieser Perspektive ist also ein Studium für Susanne Pflicht. Die Vorsicht empfiehlt Susanne auch, in Hamburg zu bleiben. Schließlich hat sie da bereits einen Freundeskreis und kann im Haus ihrer Eltern weiter wohnen.

Eine Impulsfrage, die wir uns gerne stellen, lautet "Was ist das schlimmste was passieren kann?". Das hilft die Risiken konkreter zu fassen. Oft ist es nämlich nur ein abstraktes Gefühl und wir legen vielleicht mehr Vorsicht an den Tag als wirklich nötig ist. Der leistbare Verlust aus dem Kapitel Effectuation eignet sich hier hervorragend als ergänzendes Denkwerkzeug. Vielleicht gehört die Fragestellung aber auch gar nicht der Perspektive Vorsicht, sondern der Perspektive Mut.

Die Perspektive "Mut"

Mut und Vorsicht sind nämlich gar keine Gegenspieler, sondern gehören untrennbar zusammen, wie das Video der School of Life schön zeigt.

Was empfiehlt die Perspektive Mut denn nun Susanne? "Warum erstmal studieren? Wie wäre es gleich ein eigenes Business zu starten?" Ja, warum eigentlich nicht, fragt sich Susanne. Die Liebe zu Experimenten hat ihr Bauchgefühl schon für sie aufgespürt. Eine weitere Option ist gefunden.
Der Mut bringt auch Lissabon ins Spiel. Dort war Susanne zu einem 14-tägigen Schüleraustausch in der zwölften Klasse und hat sich unsterblich in die Stadt verliebt. Warum nicht nach dem Abitur dorthin ziehen? "Mach dir keine Sorgen ums Geld. Es gibt doch sicher Menschen, die Nachhilfe in Deutsch gebrauchen können."
Schließlich verbündet sich der Mut noch mit dem Bauch und bringt erneut die Liebe zu Büchern ins Spiel. "Wie wäre es denn mit Büchern schreiben? Oder einen Buchladen eröffnen? In Lissabon. Das wäre doch toll, oder?". Die Vorsicht schaut ganz kritisch und auch Susanne ist etwas mulmig. Aber irgendwie findet sie auch Gefallen an dieser Perspektive.

Und dann?

Wie Susanne sich entscheidet, wissen wir nicht. Bei dieser Methode gibt es keine Formel, in die man verschiedene Werte für die perfekte Entscheidung einsetzt.
Vielleicht wird die Entscheidung durch die zusätzlichen Perspektiven und Optionen sogar nochmal schwieriger. Auf alle Fälle versetzt dich das Vorgehen in die Lage, eine bessere und bewusstere Entscheidung zu treffen.

Die School of Life gibt noch einen weiteren Rat, den wir nur zu gerne unterschreiben:

Sei dir bewusst, dass die meisten Entscheidungen nicht perfekt sind. Also strebe nicht ewig nach der perfekten Entscheidung. Gut genug reicht auch.
Außerdem gilt ja auch noch das Prinzip der zwei Türgriffe, wie du ebenfalls in Kapitel 2 gelernt hast.

Kannst du dich trotzdem nicht so recht zwischen ein paar Optionen entscheiden? Schau dir doch mal das Kapitel "Bauch oder Zufall? Münze oder Würfel?" an.

Konsultativer Einzelentscheid

> "Viel mehr als unsere Fähigkeiten sind es unsere Entscheidungen, die zeigen, wer wir wirklich sind."
>
> Joanne K. Rowling

Welche Probleme kann der konsultative Einzelentscheid lösen?

Entscheidungen werden in Unternehmen meistens in Sitzungen in Gruppen getroffen. Der konsultative Einzelentscheid ist eine Alternative dazu. Diese möchten wir dir an einem fiktiven Beispiel erläutern.

Jörg ist Projektleiter beim Maschinenbauer "Läuft Rund GmbH & Co KG". Er leitet das größte Projekt in der Geschichte von "Läuft Rund". Im Projekt wird ein modulares Maschinenkonzept entwickelt. Umformen, Schweißen und Verpacken werden damit in einer Fertigungslinie vereint. Normal waren alle Fertigungslinien kundenspezifische Projekte und wurden individuell gefertigt. Nun kann der Kunde seine Fertigungslinie online konfigurieren. Das hat gleich mehrere Vorteile für Kunden und "Läuft Rund". Die Zeit von der Beauftragung bis Auslieferung verkürzt sich signifikant. Es können mehr Kundensonderwünsche bedient werden. Durch hohen Automatisierungs- und Standardisierungsgrad ergeben sich außerdem Kostenvorteile für beide Seiten.

In den verschiedenen Projektteams sind neben den Konstrukteuren auch zahlreiche Softwarenentwickler und ein User Experience Spezialist vertreten. Die Anforderungen werden von Produktmanagern in Zusammenarbeit mit den weltweiten Vertriebsorganisationen erhoben. Wichtige Entscheidungen werden in einem Steuerkreis getroffen. Die Firma "Läuft Rund" möchte bei diesem Großprojekt sicherstellen, dass bei den Entscheidungen alle Perspektiven einfließen, sie von Menschen mit entsprechender Seniorität getroffen werden und in Einklang mit der Unternehmensstrategie sind. Der Steuerkreis besteht aus 16 Mitgliedern. Neben Jörg sind das:

- Der Chief Technical Officer (CTO), gleichzeitig Sponsor des Projekts
- Acht Vertriebsleiter für die Regionen Nordamerika, Südamerika, Deutschland, Rest von Europa, Mittlerer Osten, Indien, China und Ostasien
- Der Leiter der Qualitätsabteilung
- Ein Software Architekt aus der IT
- Der Leiter des Project Management Office, Jörgs Vorgesetzter
- Der Verantwortliche für die Unternehmensstrategie
- Je ein Vertreter der Produktlinien Umformen, Schweißen, Verpacken.

Dieses Setup generiert für Jörg und "Läuft Rund" aber einige Probleme:

- Der Steuerkreis tagt nur alle zwei Monate. Selbst das ist schon extrem sportlich, denn die Terminkalender der Teilnehmer sind aufgrund ihrer Position gut gefüllt. Wichtige Entscheidungen dauern so bis zu zwei Monate. Das kann sich negativ auf den Fortschritt der einzelnen Entwicklungsteams auswirken.

- In Einzelfällen kommt es vor, dass der Leiter der Qualitätsabteilung oder einer der Vertriebsleiter aufgrund einer Kundeneskalation nicht teilnehmen können.
- Manchmal braucht der Entscheiderkreis zusätzliche Daten oder hat Rückfragen. Jörg muss diese bis zur nächsten Sitzung des Steuerkreises im Team klären. Das bedeutet weitere zwei Monate Verzug.
- Die Mitglieder im Steuerkreis haben unterschiedliches technisches Verständnis. Mit dem CTO kann es schon mal 5 Minuten technische Diskussion geben. Für die Vertriebschefs sind Details böhmische Dörfer.
- Die Teilnehmer des Steuerkreises haben einen hohen Stundenlohn. Die Kosten einer Entscheidung sind also relativ hoch.

Der konsultative Einzelentscheid kann einige der Herausforderungen lösen oder zumindest die Abhängigkeiten reduzieren. Dafür wird der übliche Prozess – ein gemeinschaftlicher Entscheidungsprozess in einem Meeting – in mehrere Schritte aufgeteilt.

Konkrete Anwendung

A - Was ist zu entscheiden?

Wie bei allen Entscheidungsmethoden, steht am Anfang die Definition dessen, was zu entscheiden ist. Typischerweise geht es dabei um Ressourcen, Kosten oder Aufgabenpakete. Im Fall von Jörgs Projekt könnten das folgende Fragestellungen sein:

- In der Region “Rest von Europa” ist neben Umformen, Schweißen und Verpacken auch eine Beschichtungsmaschine ein häufiger Kundenwunsch. Wollen wir diesen Umfang in unser Projekt mit aufnehmen?

- Entwickler Müller, der erfahrenste Konstrukteur im Projekt, fällt aufgrund eines Bandscheibenvorfalls für mehrere Monate aus. Wer kann ihn ersetzen? Wer aus anderen Projekten kann das Team unterstützen?
- Das Startup "Clever B2B" entwickelt gerade eine Plattform, die signifikant Aufwände beim Entwickeln des Onlinekonfigurators reduzieren würde. Soll „Läuft Rund" sich an dem Startup beteiligen und sich so Expertise und Kapazität sichern?

An diesem Punkt wird vielleicht deutlich, dass manches noch gar nicht entschieden werden kann. Für die Entscheidung zur Frage 1 fehlt die Kostenübersicht, bei der Frage 2 die Liste mit Optionen.

Neben dem "Was ist zu entscheiden" kann man sich an dieser Stelle auch die Frage "Wann brauchen wir eine Entscheidung?" stellen. Bei Beispiel 2 ist sicherlich Eile geboten. Bei Beispiel 3 ist vielleicht Eile geboten, weil ein Wettbewerber auch über eine Beteiligung nachdenkt. Vielleicht startet die nächste Finanzierungsrunde aber erst in ein paar Monaten. Auch bei Beispiel 1 kann die Entscheidung vielleicht nicht so dringend sein.

B - Wer entscheidet das (am Besten)?

Diese Frage ist meist am schwierigsten zu beantworten. Es gibt verschiedene Kriterien für die Auswahl:

- Der Entscheider hat die nötigen Kompetenzen oder das nötige Wissen. Im Beispiel 1 könnte das der Product Owner sein, der den besten Überblick über die Kundenanforderungen hat. Im Beispiel 2 könnte es Jörg sein, der den besten

Überblick über alle Arbeitspakete im Projekt hat. Es könnte aber auch der Entwickler Müller sein (sofern er trotz seines Bandscheibenvorfall noch verfügbar ist).

- Der Entscheider hat die nötigen Mittel. Im Beispiel 2 könnte es der Entwicklungsleiter sein, der die Personalplanung aller Konstrukteure verantwortet. Im Beispiel 3 könnte es der Verantwortliche für die Unternehmensstrategie sein, der ein Budget für Startupbeteiligungen hat.
- Der Entscheider verantwortet die Umsetzung und Konsequenzen der Entscheidung. Damit wäre in allen drei Fällen Jörg ein Kandidat. Es könnte aber auch der Sponsor des Projekts, in diesem Fall der CTO, sein.

Idealerweise treffen auf den Entscheider alle drei Kriterien zu: Er hat die nötigen Kompetenzen bzw. hat das Wissen, besitzt die Mittel und verantwortet die Konsequenzen der Entscheidung. Wie du an den Beispielen sehen kannst, ist dies oft nicht der Fall. Gibt es mehrere Optionen, macht eine Kandidatenliste Sinn und man muss sich für einen Entscheider entscheiden. Hier kann man wieder verschiedene Methoden der Entscheidungsfindung nutzen.

C - **Wer soll konsultiert werden?**

Ist der Entscheider definiert, gilt es möglichst viele unterschiedliche Perspektiven zu konsultieren. Wer hat Wissen zur Fragestellung? Wer hat Lösungsideen? Wer ist von der Entscheidung betroffen? Wer kann bei der Umsetzung unterstützen? Die Kandidatenliste aus Schritt B bietet erste Anhaltspunkte, wer konsultiert werden soll. Meist ergeben sich auch in den ersten Konsultationen weitere Gesprächspartner. Auf keinen Fall müssen *alle* möglichen Personen konsultiert werden, sondern nur so viele, dass ein ausgewogenes Bild der Optionen entsteht.

Hier werden auch die Vorteile des konsultativen Einzelentscheids sichtbar:

- Die Entscheidung kann beschleunigt werden. Du musst nicht mehr warten bis ein Gremium tagt, sondern bist nur auf die Verfügbarkeit von Einzelpersonen angewiesen.
- Die Kosten der Entscheidung können reduziert werden. Es reicht nur einen kleinen Teil aus dem Steuerkreis zu konsultieren, statt alle die Entscheidung durchführen zu lassen.
- Höhere Diversität der Perspektiven kann erreicht werden. Zum Beispiel können externe Experten konsultiert werden.
- Im Vergleich zum Einzelentscheid im "stillen Kämmerlein" wird Beteiligung Betroffener und höhere Zustimmung (Commitment) bei der Umsetzung erzielt.

D - Unterschiedliche Perspektiven bewerten und entscheiden

Sind alle notwendigen Personen konsultiert, geht es an die Bewertung der unterschiedlichen Perspektiven. Hier kann beispielsweise eine Entscheidungsmatrix hilfreich sein. Die Entscheidung trifft die bestimmte Einzelperson alleine. Das muss von den Betroffenen so akzeptiert und unterstützt werden. Merkt der Entscheider, dass ein Gruppenentscheid die bessere Methode wäre, kann auch mit einer entsprechenden Methode wie z.B. dem Systemischen Konsensieren weiter verfahren werden.

E - Entscheidung kommunizieren

Die getroffene Entscheidung wird an alle Beteiligten und Betroffenen kommuniziert. Die betrachteten Perspektiven und Bewertung sollte mit kommuniziert werden. Das hilft zum einem

den Betroffenen, die Entscheidung nachzuvollziehen. Gegebenenfalls macht auch ein kurzes persönliches Gespräch mit Betroffenen Sinn, die nicht konsultiert werden konnten.
Zum anderen kann die Entscheidung in regelmäßigen Abständen überprüft werden. Stimmt die Bewertung noch oder haben sich grundlegende Parameter geändert?
An dieser Stelle bietet sich auch ein Dankeschön an alle Konsultierten an.

Der konsultative Einzelentscheid ist natürlich nicht nur im geschäftlichen Umfeld eine wirksame Methode. Auch im privaten Bereich ist er sehr wirkungsvoll. Ein gutes Beispiel wäre die Auswahl einer Immobilie. Kaufen oder Miete? Reihenhaus oder Eigentumswohnung? In der Stadt oder auf dem Land? Die Freundin wird als Betroffene konsultiert, denn die zieht vielleicht mal mit ein und ist dann Betroffene. Der Kollege, der schon mehrere Immobilien erworben hat, wird aufgrund seines Wissens konsultiert. Auch ein Anwohner in der Nähe der Wunschimmobilie besitzt Wissen und kann konsultiert werden. Die Eltern können bei der Umsetzung unterstützen und wären ein weiterer Kandidat zur Konsultation.

Systemisches Konsensieren

Systemisches Konsensieren ist eine Entscheidungs-Findungsmethode, um den größten gemeinsamen Nenner einer Gruppe zu finden. Dabei wird Zustimmung oder Widerspruch gesucht, und dem Umgang mit Widerspruch widmet diese Methode eine ganz besondere Aufmerksamkeit.

Warum Systemisches Konsensieren?

Eine Gruppe, die eine Entscheidung über den Weg der größten Zustimmung gefunden hat, hat offensichtlich eine – zumindest aus Gruppensicht – gute Lösung des Problems gefunden. Der dabei verborgen gebliebene Widerstand bereitet spätestens in der Umsetzungsphase Schwierigkeiten. Die scheinbar gemeinsam beschlossene Vorgehensweise wird nicht oder nur zögernd realisiert. Die Verwirklichung eines Entscheids, der den Widerstand „unter den Teppich kehrt", gleicht einem unter Druck stehenden Kessel, und immer wieder flammen die berühmten „Ja, aber..." Diskussionen auf.

> "Widerstand, der im System nicht geäussert werden kann, wendet sich gegen das System"
>
> Dr. Erich Visotschnig, Miterfinder von „Systemisches Konsensieren"

Konkrete Anwendung

Das Systemische Konsensieren kann sowohl formal zur Entscheidungsfindung genutzt werden, als auch nicht-formalisiert in einem Gespräch. Wir beschreiben hier die Vorgehensweise für die Entscheidungsfindung in einer Gruppe.

1. Starte, indem du die genaue Fragestellung, die entschieden werden soll, ermittelst (gemeinsames Problem/gemeinsame Frage oder Aufgabe). Geeignet sind alle Fragen, die mehr Antworten als Ja und Nein verdienen.
2. Falls notwendig, kommuniziere die Rahmenbedingungen zur Entscheidungsfindung. Das könnte zum Beispiel folgende Fragestellung sein: "Was passiert, wenn zwei Vorschläge die gleiche Punktzahl erhalten?" Eine mögliche Regel ist, dass Vorschläge mit 10 Widerstandspunkten von einem der Gruppenmitglieder auf keinen Fall genommen werden.
3. Erarbeite mit der Gruppe die Passivlösung. Diese beschreibt, was passiert, wenn keiner der Lösungsvorschläge gewählt wird, und alles bleibt, wie es ist. Auch die Passivlösung ist ein Teil der Abstimmung – denn auch hier wollen wir den möglichen Widerstand visualisieren.
4. Entwickle mit den Gruppenmitgliedern möglichst viele Lösungsvorschläge (zuerst unkommentiert und gleichberechtigt nebeneinander). Gib der Gruppe nun Zeit, Fragen zu den Lösungsvorschlägen zu stellen oder Kommentare zu formulieren. Diese Phase hilft, Einsicht für im Raum anwesende Wünsche, Bedürfnisse und Erfahrungen zu schaffen.
5. In der Abstimmung vergeben die Gruppenmitglieder ihre individuellen Widerstandspunkte. Null steht für kein Widerstand (größte Akzeptanz), zehn Widerstandspunkte zeigen, dass jemand den Vorschlag überhaupt nicht mitträgt. Auch die Passivlösung wird bewertet.
6. Für die Ergebnisliste werden alle Punkte addiert und durch die Zahl der abstimmenden Gruppenmitglieder geteilt. Der Vorschlag mit dem kleinsten Wert ist der mit dem geringsten Widerstand. Der Wert für die Passivlösung dient als

Indikator, ob die Veränderung unterstützt wird.

7. Um die entstandenen Ergebnisse noch sinnvoller einzusetzen, können die Gruppenmitglieder sich nun untereinander dazu austauschen, warum deren eigene Vorschläge bei jemand anders zu Widerstand geführt haben. Die einleitende Frage für einen Dialog kann lauten: „Was braucht mein Vorschlag, damit er nicht so viel Widerstand bei dir/euch hervorruft?"
8. Falls notwendig, können die Vorschläge nach dieser Dialog-Runde angepasst und erneut für eine Widerstand-Messung mit allen Gruppenmitgliedern gelistet werden.

Vielleicht sind die Schritte 7 und 8 nicht notwendig. Vielleicht bringen aber genau diese zwei Schritte nicht nur eine Entscheidung, sondern eine nachhaltigere Grundlage für alle Entscheidungen in dieser Gruppe.

Unser fiktives mittelständisches Unternehmen CoolGrill möchte für das neue Kühlkonzept entscheiden, wie viel von der Entwicklung sie selbst machen, und wie viel von bereits vorhandenen Lösungen am Markt zugekauft werden soll. Die anwesenden Kollegen von Entwicklung, Einkauf und Marketing stellen eine Liste mit sechs Optionen zusammen. Die Passivlösung bei CoolGrill heißt: gar kein neues Kühlkonzept entwickeln und dem entsprechenden Kunden eine Absage erteilen.

PS: Das Systemische Konsensieren und das Konzept der Konsens-Entscheidung aus Holacracy/Sociocracy ähneln sich bei dem Bemühen, den Widerstand zu lösen.

Für das Systemische Konsensieren gibt es auch digitale Unterstützung. Die App Concide[22] bildet das Vorgehen in einer Weboberfläche ab. Gerade für verteilte Teams und in Zeiten von Remote Work könnte das eine hilfreiche Unterstützung sein.

Entscheiden mit dem Cynefin Framework

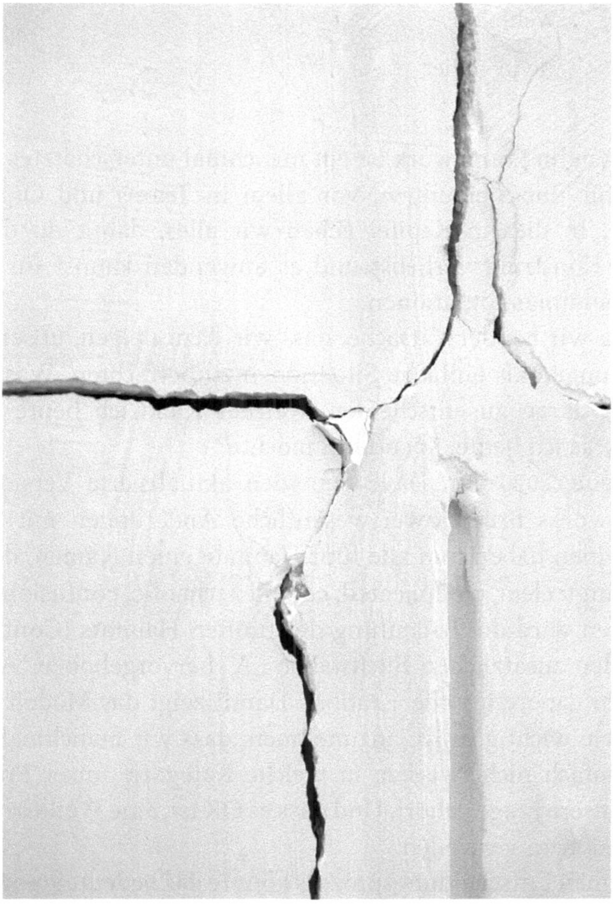

"Nie zuvor waren so viele Menschen in so vielen Ländern, darunter zahlreiche gebildete und angeblich differenziert denkende Leute, intellektuell so hilflos wie heute. Eine Flut wirrer Ideen droht sie mit sich zu reißen. Widersprüche erschüttern unser Weltbild."

Alvin Toffler

Das Cynefin Framework ist ein manchmal unterschätztes Werkzeug für Entscheidungen, vor allem in Teams und Organisationen. In diesem Kapitel geben wir alles, damit du dich in dieses Konstrukt verliebst und es anwenden kannst für deine Entscheidungs-Situationen.

Starten wir bei der Tatsache, dass wir dazu neigen, unsere Entscheidungen als einfache Situationen zu betrachten. Was ist so schwer daran zu entscheiden, welches Kleid ich heute trage? Oder was ich heute Abend tun möchte?

Die neue, 2020 von Dave Snowden aktualisierte Version des Frameworks bringt zwei wesentliche Änderungen mit sich.[23] Zum einen haben nun alle fünf Habitate einen Namen, der mit C anfängt: clear, complicated, complex, chaotic, confusion. Zum Anderen wird die Bedeutung des fünften Habitats (Confusion) auch den zusätzlichen Buchstaben „A“ hervorgehoben. A steht dort für „aporetic“ oder „ratlos“. Damit zeigt das Modell schon mal, wie wichtig es ist, anzunehmen, dass wir manchmal wirklich einfach nicht wissen, in welche Kategorie unser Problem oder unsere Frage gehört. Und dass es OK ist, eine Weile in dieser Konfusion zu verweilen.

Für deinen Entscheidungsprozess könnte das bedeuten: es ist OK, sich nicht immer sofort entscheiden zu können.

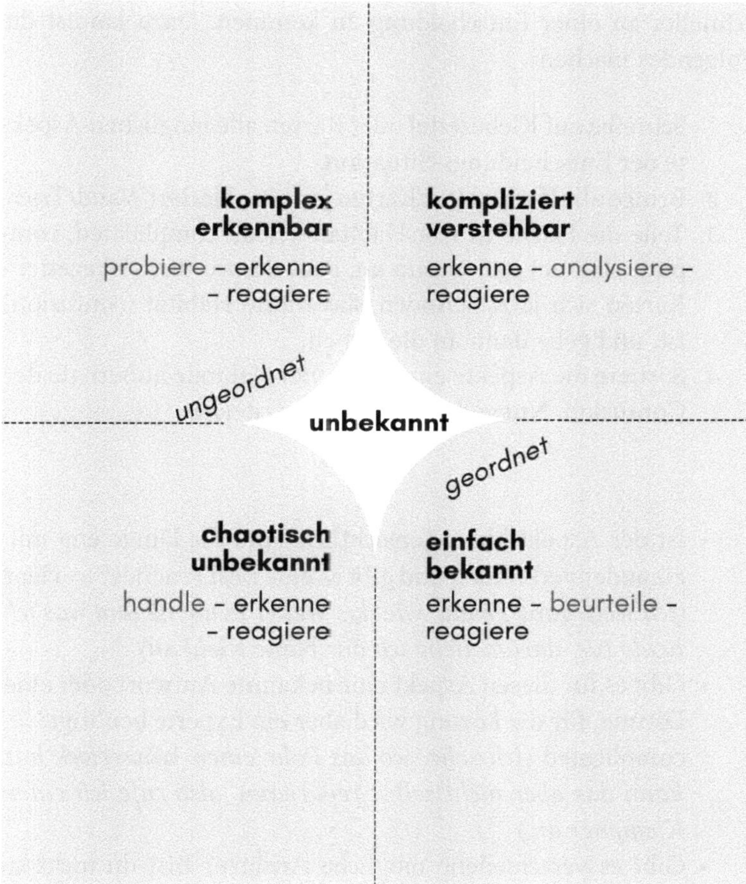

Cynefin Framework

Kontextualisierung deines Problems

Das Cynefin Framework ist eine wunderbare Möglichkeit, deine Entscheidungen zu strukturieren und – vor allem in Teams –

schneller zu einer Entscheidung zu kommen. Dazu kannst du Folgendes machen:

1. Schreibe auf Klebezettel oder Karten alle möglichen Aspekte der Entscheidungs-Situation.
2. Bringe alle Klebezettel/Karten auf eine Fläche (Wand/Tisch).
3. Teile die Fläche in vier Habitate (clear, complicated, complex, chaotic) auf. Nimm an, dass da, wo die Klebezettel/-Karten sich jetzt befinden, das fünfte Habitat (confusion) ist, und gehe dann an die Arbeit.
4. Sortiere die Aspekte einem der vier Habitate außerhalb der Confusion. Nutze dabei folgende Kriterien:

- Ist der Aspekt klar/offensichtlich, sind die Dinge eng miteinander verbunden und gibt es eine Best Practice? ⇒ clear (*Ich weiß ganz genau, wie das Wetter heute ist und was ich heute tue, darum ziehe ich das blaue Kleid an*)
- Gibt es für diesen Aspekt eine bekannte Antwort oder eine Lösung, für die Lösung wird aber ein Experte benötigt? ⇒ complicated (*Ich sehe, wo das Rohr einen Wasserleck hat, kann das aber nicht selbst reparieren, also rufe ich einen Klempner an.*)
- Gibt es verschiedene mögliche Ansätze? Bist du nicht sicher, was funktionieren wird, und niemand sonst hat eine Antwort auf das Problem? ⇒ complex (*Wir wissen noch nicht genau, was unsere Leser von diesem Handbuch der Entscheidungen erwarten, also schreiben wir es iterativ und arbeiten das Feedback und die Wünsche der ersten Leser kontinuierlich ein – statt mit einem Verlag und einem festen Termin zu arbeiten.*)

- Ist es eine totale Krise und du bist von ihr überwältigt? ⇒ chaotic (*Wer jetzt sofort an die Corona-Krise denkt, dem empfehlen wir, eine zweite gedankliche Runde zu drehen. Die Tatsache, dass wir Corona-Pandemie als eine chaotische Situation betrachten wollen, ist ein Indikator dafür, dass wir in Konfusion und ratlos sind. Und genau hier sollten wir mit dem Aufschreiben der verschiedenen Aspekte auf Klebezettel/Karten beginnen.*)
- Wenn du nicht herausfinden kannst, in welchen Bereich du einen Aspekt einordnen sollst, lasse ihn vorerst in der Mitte. Nicht jeder Beitrag muss in die vier äußeren Bereiche gehen.

Und noch ein Hinweis: Du brauchst das Cynefin Framework nicht zu benutzen, wenn du nicht ratlos bist. Ratlosigkeit und Konfusion ist quasi das Eintrittsticket in das Arbeiten mit Cynefin, nicht andersrum.

Zweiter Schritt

Nun hast du vier oder fünf Wolken mit Aspekten vor dir. Betrachte zuerst die Bereiche „clear“ und „complicated“ und entscheide z.B. mit Hilfe des Eisenhower-Modells, was jetzt sofort wichtig und dringend ist und entweder von dir oder von einem Experten erledigt werden soll. Eventuell sind die Aufgaben klein, oder es entstehen kleine Projekte daraus.

Im Bereich „complex“ empfiehlt es sich, eine Unterscheidung zwischen Aspekten mit mehr oder weniger Einschränkungen zu machen. *So sind z.B: Zeitzonen eine starke Einschränkung, wenn wir in globalen Teams zusammen arbeiten. Die Aufgabe*

dagegen, die Rückmeldungen unserer Leser in dieses Handbuch zu übertragen, ist nur zwischen Tobias und Nadja abzustimmen, und wir werden nach und nach einen Weg finden, diese Arbeit möglichst effektiv und elegant zu meistern.
Du siehst, das Feld „complex“ birgt eine Menge zusätzlicher Arbeit mit sich, wenn es um Entscheidungen geht. Wenn wir genauer betrachten, wie unsere Einschränkungen aussehen und wer diese setzt, kommen wir in den meisten Fällen leichter zu einer Entscheidung. An dieser Stelle verweisen wir sehr gern auch auf das Effectuation Modell, welches im Fall von viel Ungewissheit und vielen Einschränkungen einen Weg aufzeigt, trotzdem produktiv und zufrieden zu sein (siehe dazu auch das Kapitel Effectuation - Entscheiden unter Ungewissheit).

Falls du tatsächlich Klebezettel/Karten im Feld „chaotic“ hast, hast du hoffentlich nicht bis hierher gelesen und gewartet, dass wir dir sagen, was zu tun ist. Wenn es wirklich eine Krise ist, und die Dinge um dich herum absolut chaotisch sind, dann komme zurück zu deinen Cynefin-Zettelwolken, wenn sich das gelöst hat.

Wie gehst du nun mit den Zetteln um, die in der Mitte geblieben sind – im Feld „confused/aporetic“? Hier ist Haltung gefragt. Wenn du nicht weißt, ob du mit dem Corona-Virus infiziert bist und keine Möglichkeit hast, diese Antwort zu erhalten, weil du (aus irgendwelchen logistischen Gründen) nicht getestet werden kannst, dann hilft nur: Geduld, Gelassenheit und Abwägen deiner Handlungen mit dem Wissen, dass beide Realitäten möglich sind. Entscheidungen zu treffen sollte auch so noch möglich sein, weil du im Zweifelsfall von schlimmsten zu vermeidenden Konsequenzen auszugehen hast oder das Ganze positiv auffasst und dich mit dem Gedankenexperiment der Schrödingers Katze beschäftigst.

Zusammengefasst:

- Für alle Aspekte des Problems, die sich im Feld „clear“ befinden: erledige alles, was zur Lösung führt. Im Fall Corona: denke nicht nach, ob du dir die Hände wäschst. Wasche sie mit warmen Wasser und Seife für 20 Sekunden. Basta.
- Für alles, was „complicated“ ist: mache dir einen Plan. Finde jemanden, der dir hilft. Suche nach verfügbaren Ressourcen in deinem Freundeskreis oder online. Lerne, lese, höre den Experten zu und finde dann den Lösungsweg.
- Für „complex“ betitelte Aspekte musst du nach und nach ein Gefühl dafür entwickeln, was möglich ist. Anschließend probiere ein paar Dinge aus und schaue, welche Konsequenzen das hat. Erlaube dir, deine eigenen Entscheidungen zu revidieren, ohne dich dafür zu rügen, etwas falsch gemacht zu haben. So haben in der Corona-Zeit sehr viele Familien ihre neuen Routinen entwickelt, um zwei Jobs, Haushalt und Kinder unter einen Hut zu bekommen und danach immer noch verheiratet zu bleiben. Und jede Familie hat es für sich auf eigene Art und Weise gemacht, denn einen Experten oder einen Ratgeber gab es dafür nicht.
- Im Chaos tust du, was die Situation von dir verlangt.
- Und im fünften Feld: bedanke dich für alles, was dich verwirrt, denn so kannst du mit neuen Informationen neue Entscheidungen treffen und lernen. Möchtest du mehr lernen, versuche, ein paar der dich eingrenzenden Zwänge loszuwerden. Möchtest du mehr Stabilität, führe dir selbst paar Einschränkungen hinzu (z.B. wie viel Zeit du in den

sozialen Netzwerken verbringen darfst, wann und wie viel Sport und Kalorien gut für dich sind).

Wir hoffen, du hast dich in Cynefin als hilfreiches Modell verliebt und hast dir bereits während des Lesens den einen oder anderen Knoten im Kopf gelöst.

Konsens: Entscheidung im Kollektiv

"Mitlesen ist bei uns relativ populär. Mitreden schon nicht mehr ganz so, weil man dafür seinen Kopf benutzen muss. Mitmachen ist nicht populär."

Uwe Lübbermann

Falls du in einer Organisation arbeitest und dich fragst, welche Möglichkeiten es gibt, gemeinsam Entscheidungen zu treffen, findest du in diesem Kapitel ein praktisches Beispiel für eine Alternative zu dem typisch hierarchischen Entscheidungsmodell, das in vielen Unternehmen genutzt wird und als Mehrheitsentscheid bekannt ist.
Stelle dir vor, du arbeitest in einer solchen Firma und stellst ein Produkt her. Das Produkt wird über Vertriebspartner (Großhändler und Händler) an die Endkunden verkauft. Frage: wenn du ein Merkmal deines Produktes ändern möchtest, wer darf das mitentscheiden?
Wenn ein Autohersteller zum Beispiel die Stoffe für die Sitze aussucht. Oder ein Reiseveranstalter den Termin für die Peru-Reise. Oder ein Kekse-Hersteller eine Vollkorn-Sorte entwirft. Wer darf mitreden? Wer darf Ideen einbringen? Und: wer darf entscheiden, ob es die Vollkorn-Kekse geben wird oder nicht?

Bei Premium-Cola, einem Unternehmen, das auch als „das Kollektiv" bekannt ist, entscheiden alle und alle haben ein Vetorecht. Jeder, der in dem Unternehmen tätig ist, genauso wie die Großhändler, Händler, Kneipen und Kioske und auch jeder Endverbraucher, der die Einladung wahrnimmt. Aktuell sind das ca. 1700 gewerbliche Partner und 20.000 bis 30.000 Konsumenten. Die Zahl der Mitarbeiter von Premium-Cola scheint im Vergleich dazu vernichtend gering.

Wie trifft das Kollektiv nun die Entscheidungen? Das Zauberwort dazu heißt Konsens.

Was ist ein Konsens?

Konsens kann hierbei als eine Alternative zum Mehrheitsprinzip gesehen werden. Eine Entscheidung im Konsens bedeutet:

- dass niemand einen Einwand hat
- dass eine Person die Entscheidung verantwortlich mitträgt, wenn sie sich entscheidet, kein Veto einzulegen
- dass die Entscheidung für alle ok ist.

Konsens schaut also auf das Veto, auf den Widerstand. Die typischen Fragen in Entscheidungsprozessen ändern sich. Statt „Wer ist dafür?“ fragen wir: „Hat jemand ein Veto?“. Statt zu fragen: „Was ist die beste, perfekte Lösung?“ wird gefragt: „Ist diese Lösung brauchbar und gut genug für uns?“. Das dahinter stehende psychologische Prinzip nennt sich Satisficing. Im Satisficing entscheidet sich die Gruppe für die erstbeste Möglichkeit, statt nach der größtmöglichen Nutzenmaximierung zu streben. Es hat sich gezeigt, dass der Preis, eine perfekte und nutzermaximierende Lösung für ein Problem zu finden, in komplexen Systemen meist höher ist als der Nutzen, den diese dann gefundene ideale Lösung im Vergleich zu einer (schnell gefundenen) brauchbaren Lösung zeigt.

Wie macht Premium-Cola das konkret?

Es existiert ein Plenum mit einem Chatraum und einem Abstimmungstool. Alle KollektivistInnen haben Zugang. Gesamtentscheidungen, also Themen die alle Kollektivisten betreffen, kommen auf das Abstimmungsboard. Gemeinsam werden Vorschläge entwickelt und diskutiert. Zum Schluss wird abgestimmt. Jeder kann mit einem Veto eine Entscheidung verhindern, es müssen jedoch nicht alle zustimmen. Die Tatsache, dass nur ein relativ kleiner Teil des Kollektivs diese Plattform aktiv nutzt, wird als gutes Zeichen gesehen.

„Dann sind die Anderen offensichtlich mit den Entscheidungen der anderen zufrieden und haben nicht das Bedürfnis, sich daran zu beteiligen", sagt Uwe Lübbermann, der Urstein des Kollektivs.

Es geht also auch bei dieser Methode sehr menschlich zu.

Was ist an den Konsens-Entscheidungen anders?
Die im Konsensverfahren getroffenen Entscheidungen sind deutlich humaner, sozialer und intelligenter, weil sämtliche Bedarfe und Meinungen aller Interessengruppen einbezogen werden. Der manchmal höhere Zeitbedarf bis zu einer Entscheidung gleicht sich später im Unternehmensleben zigfach aus, weil die getroffenen Entscheidungen lange von allen mitgetragen und nicht mehr infrage gestellt werden. So werden die Betroffenen wahrhaftig zu Beteiligten.

Schwachstelle des Konsens-Entscheidungsprozesses

Bevor du dich experimentierfreudig in das Ausprobieren dieser Methode stürzt, hier noch der Hinweis zu den möglichen Schattenseiten. Damit die Entscheidung für alle passend ist, werden durch Verhandlungen oftmals Kompromisse geschaffen, mit denen die Beteiligten zwar leben können, für die der ursprüngliche Antragsteller aber keine 100%ige Identifikation und Leidenschaft mehr aufweist. Nehmen wir das Beispiel mit dem Vollkorn-Keks. Dem Antragsteller ging es um Gesundheit. Während der Diskussion und Abstimmung kamen Faktoren wie Wettbewerbsfähigkeit, Verpackung, Marketing und Preisgestaltung dazu, und schon wurde der Rezeptur mehr Zucker hinzugefügt und der vorher ökologischen Verpackung mehr Farben auf einer Plastikhülle. Dadurch ist Gesundheit für den Initiator der Idee kaum noch ein nennenswertes Kriterium, das Produkt auf den Markt zu bringen. Dementsprechend ist die Motivation zur Umsetzung unter Umständen deutlich eingeschränkt.

Frederic Laloux, der Verfasser von Reinventing Organizations, sieht noch eine Schwachstelle:
„Konsens hat noch einen weiteren Fehler: die Unklarheit in der Verantwortung. In vielen Fällen fühlt sich niemand für die letztendliche Entscheidung verantwortlich. Derjenige, der ursprünglich den Vorschlag gemacht hat, ist oftmals frustriert, weil die Gruppe seine Idee bis zur Unkenntlichkeit verwässert hat. Er ist vielleicht der Letzte, der hinter der Entscheidung stehen kann, zu der die Gruppe schließlich gekommen ist. Aus diesem Grund werden viele Entscheidungen nie implementiert oder werden nur halbherzig umgesetzt. Wenn sich die Dinge nicht wie geplant entwickeln, dann ist unklar, wer nun die Verantwortung hat, darauf zu reagieren."
Hoffentlich ist diese Seite des Konsens-Prozesses nur ein Wermutstropfen neben der Idee, dass jeder, der ein Auto kaufen möchte, mitentscheiden kann, wie es aussieht, und ob der Stoff für die Sitze Streifen hat.

Entscheidungsmatrix

> "Zu mancher richtigen Entscheidung kam es nur, weil der Weg zur falschen gerade nicht frei war."
>
> Hans Krailsheimer

Die Entscheidungsmatrix ist ein Werkzeug, um eine Entscheidung zu objektivieren. Entwickelt wurde das Werkzeug von Stuart Pugh, einem britischen Produktentwickler und Professor an der University of Strathclyde in Glasgow. Ursprünglich wurde es verwendet, um mehrere Produktvarianten gegeneinander zu vergleichen.

Konkrete Anwendung

1. Überlege dir, welche Kriterien für die Entscheidung relevant sind (Kosten, Geschwindigkeit, Umweltfreundlichkeit, Qualität etc.). Schreibe die Kriterien in eine Liste untereinander.
2. Mache eine Übersicht der möglichen Optionen.
3. Entwerfe eine Tabelle. Die möglichen Optionen bilden die Spalten, die Kriterien bilden die Zeilen.
4. Nun geht es an die Bewertung. In der Matrix bewertest du der Reihe nach die Optionen zu jedem Entscheidungskriterium. Das kannst du quantitativ machen, z.B. auf einer Skala von 1-10. Alternativ kannst du auch qualitativ bewerten, z.B. mit einer ++,+,o,-,– Skala.
5. Jetzt summierst du für jede Option die Einzelbewertungen auf. Bei einer quantitativen Bewertung summierst du einfach alle Zahlen auf. Bei einer qualitativen Bewertung addierst du die + und subtrahierst davon die Anzahl der -.
6. Die beste Option sollte durch die beste Bewertung der Kriterien ersichtlich sein.

Einfaches Beispiel

Lass uns das Werkzeug an einem ganz einfachen Beispiel verdeutlichen. Du hast Mittagspause und musst dich für eine Essensoption entscheiden. Es ist Ende des Monats, und du musst etwas auf die Kosten achten. Natürlich ist dir auch gesunde Ernährung wichtig. Außerdem hast du maximal eine Stunde Zeit bis zur nächsten Besprechung. Zur Auswahl stehen das Marmaris, der Dönerimbiss gleich um die Ecke. Giovanni, dein Lieblingsitaliener, kommt ebenfalls in Frage. Allerdings ist das mit einer kurzen Fahrt verbunden, und da Giovanni alles frisch zubereitet, kann die Bestellung schon mal eine Weile dauern. Die dritte Alternative ist das Stadtproviant, bei dem man leckere Salate to-go bekommt. Um die Mittagszeit steht man schon mal in der Warteschlange. So könnte die Entscheidungsmatrix aussehen:

	Döner	**Pasta**	**Salat**
Kosten	2	1	2
Gesund	1	2	3
Zeit	3	1	2
Summe	**6**	**4**	**7**

Der Salat aus dem Stadtproviant schneidet mit 7 Punkten am besten ab. Die Warteschlange ist diesmal sehr kurz. Es fühlt sich an, als hättest du alles richtig gemacht.

Gewichtete Entscheidungsmatrix

Möchte man die unterschiedlichen Entscheidungsparameter priorisieren bzw. bestimmten Parametern mehr Gewicht verleihen, gibt es auch die Variante der gewichteten Entscheidungsmatrix. Dazu wird in der zweiten Spalte eine Gewichtung der einzelnen

Entscheidungskriterien hinzugefügt. Bei Schritt 4, der Bewertung, werden Gewichtung und Wert multipliziert. Wir erklären das an einem Beispiel.

Diesmal haben wir ein Beispiel aus dem Geschäftsleben gewählt. Die Firma Ultimativ Additiv fertigt 3D-Drucke an. Für das nächste Projekt muss Kunststoffgranulat bestellt werden, und der Einkäufer fertigt eine Entscheidungsmatrix für die potentiellen Lieferanten an. Um einen neuen Kunden zu gewinnen, wurde ein absoluter Kampfpreis geboten. Daher ist ein günstiger Einkaufspreis für das Granulat die oberste Priorität. Die gedruckten Teile müssen allerdings auch gewisse Parameter gewährleisten und so ist auch die Qualität des Granulats ein wichtiger Entscheidungsparameter. Ultimativ Additiv hat sich kürzlich für ein Nachhaltigkeitslabel zertifizieren lassen. Deshalb darf die Umweltfreundlichkeit als Entscheidungsparameter nicht vernachlässigt werden. Um den Kunden zeitnah zu beliefern, ist auch die Lieferzeit ein wichtiger Parameter. Allerdings ist der Auftrag nicht hoch dringend.

Als Lieferanten zur Auswahl stehen die Kunst & Stoff GmbH, die im gleichen Landkreis produziert. Die Apothekenpreise sind dem Einkäufer allerdings ein Dorn im Auge. Deswegen wurden auch schon einige Projekte mit Granulat aus China gemacht. Es blieb aber schon mal ein Container im Zoll hängen. Auf einer Messe lernte der Einkäufer kürzlich die Granulo Inc aus den USA kennen. Deren Granulat hat unschlagbare Parameter und ein klasse Preis-Leistungs-Verhältnis. So könnte hier die Entscheidungsmatrix aussehen:

	Gewicht	Kunst & Stoff GmbH	Beijing Plastics	Granulo Inc
Preis	3	[1] 3	[3] 9	[2] 6
Lieferzeit	1	[3] 3	[1] 1	[1] 1
Qualität	2	[2] 4	[1] 2	[3] 6
Umwelt	2	[3] 6	[1] 2	[2] 4
Summe		**16**	**14**	**17**

Die Entscheidungsmatrix hat einige Schwächen, die man an diesem Beispiel gut erklären kann:

- Wenn noch kein Wissen vorhanden ist, fällt das Befüllen der Matrix schwer. Der Einkäufer hat zwar am Messestand die Parameter von Granulo gesehen, allerdings weiß er nicht, ob sie in der Praxis auch halten was sie versprechen.
- Bei der Entscheidungsmatrix läuft man schnell Gefahr von "Paralyse durch Analyse". Um die Bewertung möglichst objektiv zu machen, werden für die bestehenden Lieferanten umfangreiche Analysen der Preise und Lieferzeiten vergangener Bestellungen gemacht. Für Granulo Inc werden Preise angefragt, was mehr als vier Wochen dauert und die Entscheidung verzögert (in diesem Zusammenhang empfehlen wir nochmal das Kapitel Drehtüren und Türen mit Knauf).
- Gewichtung und manche Entscheidungsparameter sind schwer objektivierbar. Manchmal lässt sich beobachten, dass beim Befüllen der Matrix an den einzelnen Werten feinjustiert wird, um die Wunschoption zu "belegen" (siehe Kapitel „Biases: verzerrte Entscheidungen").
- Wenn in der Berechnung zwei Optionen sehr nah beieinander liegen, fällt die Entscheidung trotz der Matrix schwer.

> Soll man die Bestellung wirklich beim neuen Lieferanten Granulo Inc machen? Bei Kunst & Stoff weiß man aus Erfahrung, woran man ist.

Vorsicht ist also geboten bei der Entscheidungsmatrix. Überlege dir, ob du wirklich rational entscheidest und es den Aufwand des Daten sammeln wert ist.

Eine Entscheidungs-Matrix kann man auch online erstellen. Die Web-App Rationalize[24] führt dich Schritt für Schritt durch die Methode und erstellt eine gewichtete Entscheidungsmatrix.

Den Weg zu einer einvernehmlich gewichteten Entscheidungsmatrix sowie weitere Online-Tools findest du auf der Website von Komfortzonen[25].

Bauch oder Zufall? Münze oder Würfel?

> "Kluge Entscheidungen sind die, bei denen Kopf und Bauch, Verstand und Gefühl koordiniert sind."
>
> Maja Storch

Mache ich es oder mache ich nicht? Links oder rechts? Mark oder Frank? Wie sollst du dich entscheiden?

Je länger man darüber nachdenkt, je mehr Leute man in den Prozess einweiht, um so mehr PRO und CONTRA Argumente werden gesammelt, es wird in Summe alles nur noch schwieriger.

Mache es dir einfach und lass den Zufall entscheiden. Oft wird die Münze oder der Würfel trotzdem nur ein Nebendarsteller im Spiel sein.

Vorgehen

1. Lege deine Optionen fest - Wenn es zwei sind, kannst du eine Münze werfen oder gerade und ungerade Zahlen des Würfels als Optionen definieren. Oder 1,2,3 für Mark und 4,5,6 für Frank. Du kannst so bis 6 Optionen pro Würfelwurf entscheiden. Wenn du mehr Optionen hast, kannst du auch zwei Würfel verwenden. Wenn du entscheiden willst, an welchem Tag in dieser Woche du den Staubsauger einschaltest, lässt du einen Wochentag einfach aus oder legst für zwei Tage eine Würfelzahl fest.
2. Schließe deine Augen - ...oder halte einfach inne, bevor du würfelst oder die Münze wirfst. Sagt dir deine innere Stimme irgendwas? Wünscht sie sich das die Münze mit Kopf oben liegen bleibt? Soll auf keinen Fall eine ungerade Zahl auf dem Würfel stehen? Dann brauchst du gar nicht

erst zu würfeln. Du hast dich entschieden – folge deiner inneren Stimme.

3. Deine innere Stimme schweigt? - Dann wirf die Münze oder den Würfel und schaue dir das Ergebnis an. Spricht die innere Stimme jetzt zu dir? Freut sie sich über ein bestimmtes Ergebnis? Oder findet sie das Ergebnis doof? Höre gut hin. Je nachdem was du dann in dir entdeckst, stimmt deine eigene Entscheidung mit der Entscheidung des Würfels überein – oder nicht.
4. Spricht die innere Stimme immer noch nicht zu dir? - Bis du völlig emotionslos, was die gewürfelte Entscheidung angeht? Das macht nichts. Trotzdem bist du zu einer schnellen Entscheidung gekommen.

Aber ist es wirklich seriös, im Geschäftsumfeld eine Entscheidung per Münze oder Würfel zu treffen?
Wenn es kein Wissen gibt, kann das eine der besten Optionen sein. Manchmal kostet das Sammeln von Daten oder der Aufbau von Wissen mehr, als die Investition, über die entschieden werden soll. Erinnerst du dich an den leistbaren Verlust im Kapitel über Effectuation? Ist die Höhe der Investition kleiner als der leistbare Verlust, dann kannst du einfach den Würfel oder die Münze entscheiden lassen. Geht es bei der Entscheidung um eine größere Summe als den leistbaren Verlust, dann versuche die Entscheidung kleiner zu machen.

Lass uns das an einem Beispiel verdeutlichen. Erinnerst du dich noch an das Beispiel aus dem Kapitel Kosten von Entscheidungen? CoolGrill wollte sein Osteuropageschäft ausbauen und ein Vertriebsbüro in Rumänien eröffnen. Bürogebäude, Personalkosten und Betrieb bedeuten für die nächsten 12 Monate eine Investitionssumme von einer Million Euro. So eine Entscheidung möchtest du nicht mit dem Würfel treffen, denn sie übersteigt deinen leistbaren Verlust um den Faktor 50. Im Normalfall würdest du jetzt Zahlen, Daten und Fakten besorgen. Alternativ kannst du dich aber für einen Standort per Würfel entscheiden und dort erstmal einen Freelancer rekrutieren. Die Höhe der Entscheidung entspricht deinem leistbaren Verlust, aber du kommst unmittelbar ins Handeln.

Zum Schluss noch ein kleiner Tipp wenn gerade keine Münze zur Hand ist. Am Donnerstag steht in der Nähe von Tobias Firma immer der Red Flag BBQ Foodtruck. Tobias konnte sich nicht zwischen Pulled Pork und Smoked Chicken Sandwich entscheiden.
Ein Kollege sagte augenzwinkernd: "Na Tobias, hast wohl keine Münze zur Hand? Nimm doch einfach was anderes Zufälliges." Damit war das Dilemma gelöst. Tobias nutzte für seine Entscheidung einfach das nächste vorbeifahrende Auto. Gerade Zahl auf dem Kennzeichen stand für Pulled Pork, ungerade Zahl für das Smoked Chicken. Am Ende war es das Pulled Pork und Tobias hat es nicht bereut.

Die FOR-DEC Methode

> “Was nutzt es, eine Entscheidung zu überschlafen, die einen entscheidend um den Schlaf bringt.”
>
> Thom Renzie

Auf die FOR-DEC Methode sind wir erst kürzlich durch ein Video von Karin Ockert-Höfler gestoßen.[26] Tobias hat die Methode gleich für eine Entscheidung im Privatleben verprobt. Der Bau seiner neuen Wohnung war seit vielen Monaten im Verzug. Die Methode half ihm dabei, eine Entscheidung für den weiteren Weg zu treffen.

Die FOR-DEC Methode kommt ursprünglich aus der Luft- und Raumfahrt und wurde dort für Krisen- und Notfallsituationen entwickelt. Piloten müssen bei medizinischen Notfällen an Bord, technischen Problemen oder extremen Wettersituationen schnell (= innerhalb einiger Minuten) Entscheidungen treffen. Wie du im zweiten Kapitel gelernt hast, tendiert der Mensch zu kognitiven Verzerrungen und basiert Entscheidungen auf Heuristiken. Im Notfall kann eine Fehlentscheidung Leben kosten. Deswegen braucht es eine relativ einfache Methode, die kognitive Verzerrungen minimiert und einfach abrufbar ist. Die Methode eignet sich übrigens für Einzelentscheidungen und für Gruppenentscheidungen.

Die FOR-DEC Methode wurde vom Deutschen Zentrum für Luft- und Raumfahrt und Lufthansa in den 1990ern gemeinsam entwickelt. Sie wird bis heute in Pilotenschulungen eingesetzt. Die Effektivität der Methode wurde im Flugsimulator bestätigt. Die Piloten treffen nachweislich bessere Entscheidungen. Es zeigte sich aber auch, dass FOR-DEC nicht sinnvoll ist, wenn ein klarer Prozess existiert. Für extreme Situationen, wo eine Entscheidung in Sekunden verlangt wird, dauert FOR-DEC zu lang und ist somit ungeeignet. Heute wird die Methode auch in Kraftwerken und der Notfallmedizin benutzt.[27]

Wir finden, die Methode kann auch wunderbar im Unternehmenskontext und Privatbereich benutzt werden. Spielen wir FORDEC an einem Beispiel außerhalb der Luft- und Raumfahrt durch. Den mittelständischen Automobilzulieferer CoolGrill kennst du ja bereits.

Karl ist der Geschäftsführer. Er wurde soeben informiert, dass einer seiner Lieferanten in finanziellen Schwierigkeiten steckt und bereits morgen die Produktion von Material einstellen muss. Das würde recht schnell auch den Stopp der eigenen Produktion bedeuten. Sollte CoolGrill nicht pünktlich an seinen Kunden liefern, drohen hohe Vertragsstrafen, die Karls Unternehmen ebenfalls schwer schädigen können.

F wie Facts

Im ersten Schritt geht es um eine möglichst präzise und klare Beschreibung der Situation. Ziel ist es kognitive Verzerrungen soweit wie möglich zu minimieren. Hör genau hin, was an Fakten berichtet wird. Achte auf Aussagen wie "Ich meine..." oder "Ich denke...". Was wurde beobachtet? Was wurde geschrieben? Aus welcher Quelle kommen die Fakten? Eine Information aus einem Telefongespräch kann durch die eigene Wahrnehmung kognitiv verzerrt sein.

Im Beispiel von Karl stellen sich folgende Fragen um die Faktenlage zu klären:

- Was bedeutet „finanzielle Schwierigkeiten"? Konnte eine Rechnung nicht bezahlt werden oder wurden schon Leute entlassen? Hat der Lieferant gar schon Insolvenz angemeldet? Eventuell hat auch CoolGrill eine Rechnung nicht bezahlt und so den Lieferanten erst in Schwierigkeiten gebracht.

- Wie lange kann CoolGrill mit dem bereits gelieferten Material noch weiterproduzieren? Wie viel Material liegt beim Lieferanten noch auf Lager?
- Wie viele Teile von CoolGrill werden in den nächsten Tagen vom Kunden abgerufen? Wie hoch ist die Vertragsstrafe?

Wie du recht schnell siehst, gibt es einiges zu präzisieren. Man wird aber auch nicht für alle Fragen an Fakten kommen. Es lohnt sich, auch diese Daten aufzunehmen und entweder als Vermutung zu klassifizieren oder mit Wahrscheinlichkeiten zu arbeiten.

O wie Options

Im zweiten Schritt geht es an das Sammeln von möglichen Optionen. Unser menschliches Betriebssystem verführt uns in solchen Situationen, direkt eine Lösung für das Problem zu finden. Nur leider ist die spontane Lösung nicht immer die Beste. Vielleicht ist sie sogar schädlich. Egal, ob du FOR-DEC bei einer Einzel- oder Teamentscheidung nutzt, hör dir bewusst die Ideen der "Leisen" an. Bei den Fakten haben sie möglicherweise aufmerksamer zugehört und mehr Zeit zum Nachdenken gehabt, als die Vielredner. Auch wenn das Problem kritisch ist, und eine Lösung schnell her muss. In diesem Schritt dürfen auch die unkonventionellen und verrückten Ideen auf den Tisch.

Im Beispiel von CoolGrill trägt das Team unter anderem folgende Optionen zusammen:

1. Dem Lieferanten wird ein Vorschuss für die Lieferungen der nächsten beiden Monate gezahlt.
2. Man beauftragt einen anderen Lieferanten mit der Produktion der Teile.
3. Die Vertragsstrafe wird akzeptiert, und der Vertrag mit dem Kunden wird gekündigt.

R wie Risks and Benefits

Nun geht es an die Bewertung der Optionen. Wurden viele Optionen generiert, lohnt sich eine Priorisierung und Auswahl von drei bis fünf Optionen. Auf der einen Seite werden die Risiken und Nachteile, auf der anderen Seite die Benefits und Vorteile gesammelt.

Durch diesen Schritt verhindert man die unmittelbare Umsetzung der "gefühlt" besten Option. Eine Option mag in der Vergangenheit gut funktioniert haben, birgt aber heute große Risiken. Man verhindert auch, dass "neue" Optionen zu schnell verworfen werden. Auf den zweiten Blick stehen einem Risiko viele Chancen gegenüber.

Bei CoolGrill hat man in der Vergangenheit derartige Fälle meist mit einem Vorschuss an den Lieferanten gelöst. Das war auch der erste Impuls von Karl, wie man das Problem aus der Welt schafft. Durch das bewusste Sammeln von Risiken werden nun einige Nachteile dieser Lösung sichtbar. Dafür findet sich eine lange Liste von Chancen bei Option 2. Zum Beispiel können dadurch Lieferkosten gespart werden, weil der alternative Lieferant näher am eigenen Werk ist.

- wie Pause

Der Bindestrich zwischen FOR und DEC ist unscheinbar und auf den ersten Blick überflüssig. Er ist aber ein Kernelement dieser Methode. Der Bindestrich steht für eine kurze Pause. Er steht für Einatmen, Ausatmen. Je nach Dringlichkeit der Entscheidung kann der Bindestrich auch für das berühmte „eine Nacht-drüber-Schlafen" stehen.

D wie Decision

Erst im fünften Schritt kommt die Entscheidung. Ab hier ist Schnelligkeit angesagt. Also nicht mehr lange Überlegen und Grübeln. Sollte unklar sein, wer die Entscheidung trifft, lohnt sich nochmal eine Lektüre des Kapitels Konsultativer Einzelentscheid.

Bei CoolGrill entscheidet sich der Einkaufsleiter für Option 2. Er ist betroffen und für die Umsetzung verantwortlich.

E wie Execution

Zusammen mit der Entscheidung sollte auch die Umsetzung geklärt werden. Wer ist für welche Aufgabe verantwortlich? Wer macht was bis wann? Wie organisieren wir uns während der Umsetzung? Außerdem solltest du klären, wann und in welcher Regelmäßigkeit du Schritt sieben (C wie Check) durchführst.

C wie Check

Im siebten Schritt wird die Umsetzung sowie die Faktenlage überprüft. Erzielt die Umsetzung die erwünschte Wirkung? Ha-

ben sich die Fakten geändert? Ist ein Risiko eingetreten? Sind neue Fakten hinzugekommen? Müssen neue Optionen gesucht werden?
Die Regelmäßigkeit von Schritt sieben hängt von der Art des Problems ab. Bei einem medizinischen Notfall oder kritischer Wetterlage in der Luftfahrt, erfolgt ein Check im Minutentakt. In der aktuellen Coronakrise bewertet man täglich die Faktenlage. Im Fall von CoolGrill ist vielleicht ein wöchentlicher Check angemessen.

Nutzt du FOR-DEC für eine Einzelentscheidung? Dann versetz dich doch mental in die Rolle eines Piloten. Such dir dein Cockpit. Das kann ein abgeschlossener Raum sein in dem du deine Ruhe hast sein. Vielleicht ist dein Cockpit auch im Wald. Ein Spaziergang bietet sich wunderbar für den Bindestrich an. Ach ja, der Flugmodus am Mobiltelefon ist im Cockpit natürlich ein Muss.

Karin Ockert-Höfler bietet auch Arbeitszettel und weitere Materialien zur Methode an.[28]

Common ground

"Ein gemeinsames Ziel erreichen wir nur miteinander, nicht nebeneinander und nicht hintereinander."

Monika Kühn-Görg

Organisationen müssen sich zunehmend mit komplexen Problemen auseinandersetzen. Zur Bewältigung solcher Probleme setzen sie oft multidisziplinäre Teams ein, in denen verschiedene Teammitglieder unterschiedliche Perspektiven auf das Problem, individuelle Kenntnisse und Fähigkeiten und unterschiedliche Ansätze zur Lösung des Problems haben. Um Probleme zu lösen, müssen die Teammitglieder ihr vorhandenes Wissen teilen und neues Wissen aufbauen. Doch was für das Lösen der Probleme hilfreich erscheint – Diversität – ist nicht unbedingt hilfreich, wenn es zu Entscheidungen kommt. Die Teammitglieder werden auf der Grundlage ihres beruflichen und persönlichen Hintergrunds ihre jeweils eigene Perspektive haben, ihre eigene Art und Weise, in der sie die Welt kohärent und konsistent "interpretieren und verstehen".

Ein Beispiel: Strecke deine Hand und stelle dir einen Apfel vor. Gib deinem Apfel so viele imaginäre Eigenschaften wie möglich: Duft, Geschmack, Saftigkeit, mit oder ohne Blatt, glatte oder matte Oberfläche... Wenn jemand „Apfel“ sagt, hast du vermutlich genau dieses Bild im Kopf.

Nun arbeitest du in einem multidisziplinären, internationalen Team mit 10 Mitgliedern, und jeder von euch hat eine eigene Vorstellung, was ein „Apfel“ meint. Wie werdet ihr euch je entscheiden, was alles dazu gehört, wenn es darum geht, ein einziges Apfel-Bild zu malen?

Hier kann die Common Ground Methode helfen. Diese macht die Gemeinsamkeiten sichtbar und lässt alles, was unentschieden ist, auf magische Art und Weise positiv erscheinen.

Vorgehen

Wir gehen davon aus, dass eine Gruppe von Menschen bereits eine Weile über ein Problem oder ein komplexes Thema diskutiert und nun die Zeit für eine Gruppenentscheidung gekommen ist.

1. Starte, indem du die Anwesenden bittest, allein oder in sehr kleinen Gruppen (maximal zu dritt) aufzuschreiben, was ihrer Meinung nach jede Person im Raum – bezogen auf die Frage der Diskussion, des Tages, des Projektes oder des Workshops – akzeptieren, annehmen, abnicken würde.
2. Lasse alle so gefundenen Statements an eine möglichst große Wand posten, pro Statement ein Klebezettel.
3. Lasse allen Zeit, um zu lesen, was zusammen gekommen ist.
4. Bitte nun alle, Ähnlichkeiten zu suchen, zu finden und zu gruppieren. Falls Fragen aufkommen, wie ein Wort gemeint ist (erinnere dich daran, dass nicht jeder beim „Apfel“ an die gleichen Dinge denkt), unterstütze eine Begriffsklärung.
5. Wenn das Sortieren und Umhängen der Statements leiser wird, sage an, dass die Gruppe nun drei Minuten Zeit hat, sich darauf zu einigen, was für alle akzeptabel, annehmbar und OK ist.
6. Alles, was innerhalb von drei Minuten nicht vereinbart wurde, kommt auf die Liste mit der Überschrift „Nicht

> vereinbart". Hier kommt die magische Wirkung der tatsächlichen Einigung ins Spiel, denn scheinbar „unfertige" oder „überflüssige" Ergebnisse zeugen nun davon, dass die Gruppe in der Lage ist, sich zu wesentlichen und wichtigen Dingen zu entscheiden. Die „Nicht vereinbart" Liste kann bis zum nächsten Termin konserviert werden, falls das von Nutzen ist. So gibt es eine große Klarheit, was besprochen und was entschieden wurde, und die Gruppe darf stolz sein und sich über die Selbstwirksamkeit freuen.

Bitte die Gruppe zum Schluss, die vereinbarten Punkte so zu formulieren, dass auch nicht anwesende Personen diese verstehen. Es bietet sich nach so einem gewaltigen Entscheidungs-Prozess (der übrigens nicht länger dauern muss, als 30-40 Minuten) immer eine Pause an.

"Hell Yes" und "Keine 7"

Zwei weitere kleine Entscheidungsmethoden haben wir im Moneytalk Podcast von Natascha Wegelin aka Madame Moneypenny gefunden - die Hell Yes Methode und die "Keine 7"-Regel.[29]

> "Da es sehr förderlich für die Gesundheit ist, habe ich beschlossen, glücklich zu sein."
>
> Voltaire

Hell Yes oder Hell Yeah

Die Hell Yes Methode kommt ursprünglich von Derek Sivers.[30] Stell dir vor, du stehst du vor der Entscheidung, ob du etwas tun solltest oder nicht. Dann höre in dich hinein. Hörst du ein Hell Yeah, dann tue es.
Hörst du kein lautes "Hell Yeah", dann sage Nein.

Die folgenden drei Beispiele sollen dir Anregung geben, wo und wie du die Hell Yes Methode anwenden kannst.

1. Es ist Dienstag, und in Sarahs Kalender steht für den Abend die monatliche Elternbeiratsitzung. Per Email erhält sie eine exklusive Einladung zu einem Austausch über Blockchain, einem Thema, das sie gerade brennend interessiert. Sie muss sich entscheiden. Elternbeirat oder Blockchain? Sie fühlt sich zur Elternbeiratssitzung verpflichtet, aber die letzten Male waren es endlose Diskussionen. Sie denkt sich, "Wäre schon wichtig, dabei zu sein!". Der Austausch zu Blockchain reizt sie allerdings so richtig. „Hell Yes", sagt der Bauch, sie sagt dem Austausch zu und lässt sich beim Elternbeirat entschuldigen.
2. Eric hat gerade ein Interview mit einer Bewerberin auf eine Stelle in seinem Team. Die fachlichen Kriterien für die Stelle erfüllt die Bewerberin mit Bravour. Auch von der Persönlichkeit könnte sie ganz gut ins Team passen. Allerdings hört Eric in sich kein "Hell Yeah". Er sagt der Bewerberin ab.
3. Simone möchte sich zur Digital Transformation Managerin an der Shiftschool weiterbilden. Das Programm geht über 18 Monate und kostet 13.700 €. Simone kommt bei dem zeitlichen Aufwand und den Kosten ins Grübeln. Ihr Bauch sagt aber "Hell Yeah" zu den Inhalten und sie meldet sich an.

Achtung! Die Hell Yes Methode kann möglicherweise dazu führen, in der Komfortzone zu verharren. Vor etwa sieben Jahren erfuhr Tobias, dass ein Systems Engineering Manager gesucht wird. Die Inhalte der Rolle waren echt spannend, aber im Team waren einige schwierige Charaktere. Hell no, dachte sich Tobias, und das Thema war für ihn abgehakt. Ein paar Tage später traf er Stefan, seinen Chef-Chef, und sie kamen ins Gespräch über diese Stelle. Stefan fand, dass Tobias ein guter Fit wäre. Das Team kann man entwickeln, manch einer der schwierigen Charaktere würde auf andere Stellen wechseln und zur Not kann man sich ja auch trennen. Tobias kam ins Grübeln, ein Hell Yes stellt sich aber nicht ein. Hätte er damals der Methode gefolgt, hätte er dieses Team nicht übernommen. Er dachte sich aber, "Hell was solls!?" und übernahm die Stelle. Trotz schwieriger Anfangszeit hat er es nie bereut, seine Komfortzone verlassen zu haben, und sieht das heute als einen der wertvollsten Schritte in seiner Karriere an.

Keine 7

Etwas differenzierter ist die zweite Methode aus dem Moneytalk-Podcast. Hier geht es um die Bewertung der Optionen auf einer Skala von 1 (schlecht) bis 10 (hervorragend). Die 7 darf bei dieser Methode aber nicht vergeben werden. Denn 7 ist weder richtig gut noch richtig schlecht. Es entspricht eher einem "ganz ok". Wurde die Option mit 8,9 oder 10 bewertet sagst du ja dazu. Alles kleiner gleich 6 heißt nein.

Die Methode führt sicherlich dazu, klarer zwischen den Optionen zu differenzieren. Allerdings kann die Methode auch dazu führen, dass Entscheidungen länger dauern, weil du dich nicht dazu durchringen kannst, eine Option mit 7 auf eine 6 herunterzustufen.

Entscheidungsfindung und -kommunikation per App

> "Komplexität übersteigt die Leistung eines Kopfes. Das Zusammenspiel mehrerer Köpfe braucht Kommunikation."
>
> David Zelenka

Neben den vielen Methoden gibt es mittlerweile auch erste Apps, die dich beim Thema Entscheidungen unterstützen. Wir stellen dir hier beispielhaft drei davon vor:

- Doodle.com
- Tricider.com
- Cloverpop.com

Doodle

Das Webtool Doodle steht dafür, sich in Gruppen schneller für einen gemeinsamen Termin zu entscheiden. Wir wissen alle, wie mühsam das des öfteren ist, alle Kalender miteinander abzugleichen und ein gemeinsames Fenster zu finden. Einer der guten Features im Doodle ist, dass ich neben kann ich/kann ich nicht auch die Einstellmöglichkeit habe, die Termine in gelb zu markieren, an denen ich zwar könnte, jedoch nur unter Vorbehalt. Doodle bietet automatische Auswertung aller Eingaben an und verspricht so effiziente Terminentscheidungen.

Tricider

Die ebenfalls webbasierte Anwendung Tricider unterstützt Gruppen und Teams dabei, Ideen zu sammeln und darüber abzustimmen, welche davon geeigneter, passender oder besser sind. Dabei

gilt es im ersten Schritt Ideen zu sammeln. Dies passiert in einem (auf Wunsch) anonymen Brainstorming.
Im zweiten Schritt werden zu jeder Idee Argumente gesammelt. Dieser Schritt kann übersprungen werden, dann ginge es direkt zum dritten Schritt: der Abstimmung. Hier reicht es, die Taste „Abstimmen" zu drücken.
Das Sammeln und Abstimmen der Ideen kann dann mit einem Link an die Teilnehmer versendet werden. Denkbare Anwendungen sind neben den Situationen in Projekten auch die Vorbereitungen für Konferenzen oder Barcamps, wo die Fragen für die Sessions im Vorweg gesammelt und abgestimmt werden. Auch für Lean Coffee Formate kann Tricider live während des Workshops genutzt werden.

CloverPop

CloverPop kann ebenfalls als WebApp genutzt werden. Viel interessanter ist aber die bereits vorhandene Integration in Slack und die bevorstehende Integration in Microsoft Teams. An einem kleinen Beispiel wollen wir dir die Funktionalität des Tools näher bringen. Tobias ist Mitveranstalter eines monatlichen Brownbaglunchs. Zusammen mit Max, Katharina und Christian werden die Veranstaltungen in Slack geplant und nachbesprochen. Dabei müssen auch einige Entscheidungen getroffen werden. Was ist das Thema des nächsten Lunchs? Wer moderiert? Wer macht einen Impulsvortrag?

Entscheidungen herbeiführen

Am Anfang des Brownbaglunch gibt es immer einen Icebreaker. Tobias hat bereits ein paar Ideen für das nächste Mal. Als

Entscheidungsmethode bietet CloverPop bisher nur einen Mehrheitsentscheid (Poll) an.
Tobias stellt also einen Poll zur Frage “Welchen Icebreaker wollen wir beim nächsten Brownbaglunch nutzen?” ein. Man kann auch einen Termin einstellen, bis wann die Entscheidung getroffen sein soll.

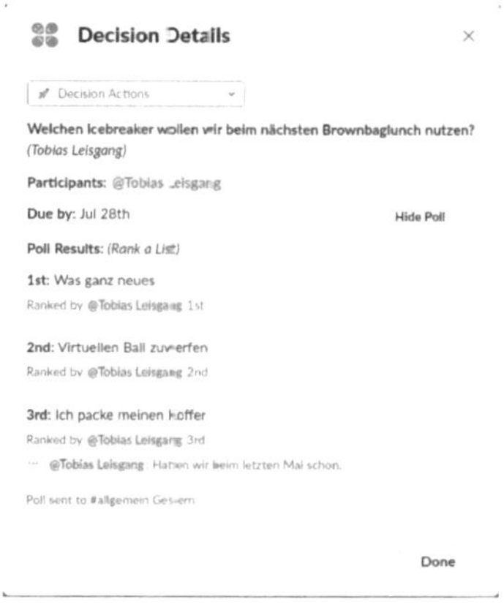

Entscheidung herbeiführen

Hier wurde die Variante “Rank a List” gewählt, bei der man alle Optionen in eine Reihenfolge bringen muss. Tobias favorisiert also einen neuen Icebreaker. “Ich packe meinen Koffer” ist am wenigsten bevorzugt. Hier addiert er einen Kommentar, um seine Auswahl zu begründen. Andere im Team können jetzt ebenfalls ihre Auswahl treffen und sogar eigene Optionen addieren. Es gibt aber auch Varianten, wo man nur eine Optionen auswählt oder Optionen ankreuzen kann. Außerdem gibt es ein freies Brainstorming. Hier ist die Frage offen, und jeder kann eine Option addieren.

Liegt der Entscheidungstermin etwas weiter in der Zukunft, kann man einen Reminder ans Team einstellen. Ist der Entscheid abgeschlossen, kann man die Entscheidung kommunizieren.

Entscheidungen dokumentieren und kommunizieren

Man kann aber auch Entscheidungen, die nicht per Poll getroffen wurden, dokumentieren und kommunizieren. Das Thema für den nächsten Lunch wurde von Max und Tobias im Gespräch entschieden. Jetzt soll es ans Team kommuniziert werden:

Entscheidung dokumentieren

Hier wurde dokumentiert wer (Max und Tobias), sich für was (Thema Virtuelles Netzwerken) und aus welchen Gründen (z.B. Wunsch eines Teilnehmers) entschieden hat. Außerdem kann so das Buyin des restlichen Teams abgefragt werden.
Einer der beiden anderen hat bereits signalisiert, dass er es unterstützt. Allerdings ist es nicht sein Lieblingsthema und er hat daher nur eine 7/10 vergeben.

Man kann hier übrigens auch das erwartete Ergebnis einer Entscheidung dokumentieren.

Nach Entscheidungen suchen

Werden in einem Team viele Entscheidungen getroffen (z.B. in einem Entwicklerteam) oder sind nicht immer alle Teammitglieder an einer Entscheidung beteiligt, hilft die Option nach Entscheidungen zu suchen.

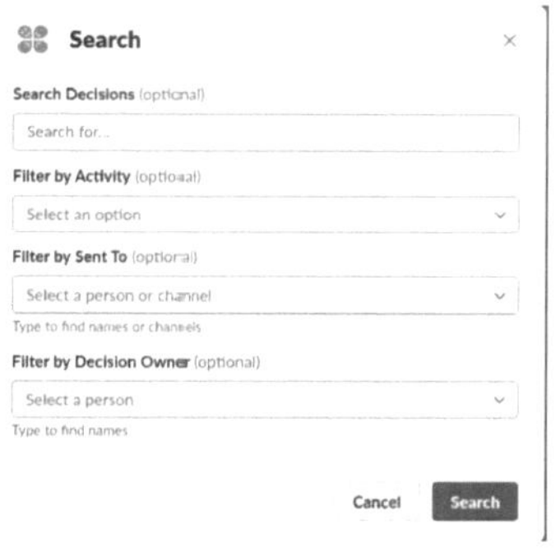

Entscheidung suchen

So kann zu einem gewissen Thema oder per Entscheider gesucht werden. Mit Hilfe dieser Option kann auch dargestellt werden, zu welchen Entscheidungen noch Input von dir benötigt wird.

4. Ins Handeln kommen

Hast du das Buch bis hier gelesen, hast du zahlreiche Denkmodelle und Methoden kennengelernt. Aber alle Theorie hilft wenig, wenn man nicht ins Tun kommt. Auf den folgenden Seiten geben wir dir Impulse, um dich ins Handeln zu bringen.

"Zweifelsfrei deutet alles darauf hin, dass ich voll und ganz zu meinen Entscheidungen stehe."

Produziert von Nadjas Selbstwert-Generator

Das Entscheidungs-Journal

Journaling ist die Form des Tagebuchschreibens, die meistens mit einem Ziel verbunden ist, zum Beispiel berufliche Entwicklung oder Mindfulness. In unserem Fall wollen wir dich mit Journaling einladen, deine Entscheidungen zu reflektieren.
Nutzt du bereits regelmäßig ein Notizbuch und einen Stift, dann addierst du die folgenden Fragen am besten zu deiner regelmäßigen Routine.
Ist Journaling neu für dich, dann empfehlen wir dir folgendes Vorgehen:

- Finde ein Notizbuch nach deinem Geschmack und lege es zusammen mit einem Stift neben das Bett
- Nimm dir entweder morgens nach dem Aufstehen oder vor dem ins Bett gehen fünf Minuten für die nachfolgenden Fragen
- Schaffst du es nicht täglich, kannst du auch am Wochenende 10-15 Minuten spendieren. Unserer Erfahrung nach stellt sich beim täglichen Journal schneller eine Routine ein, und die Beobachtungen sind aktueller.
- Schreib dir ein paar Stichpunkte zu den Fragen in dein Notizbuch.

Hier sind die Impulsfragen:

- Welche Entscheidung hast du zuletzt getroffen?
- Welcher Denkfehler könnte dabei passiert sein?
- Welche Methode(n) hast du angewendet? Was daraus hat funktioniert?
- Welche Entscheidung fällt dir aktuell schwer?

- Ist die Entscheidung eine Typ 1 oder Typ 2 Entscheidung? Wie kannst du eine Typ2 Entscheidung daraus machen bzw. eine Klinke an die Tür schrauben?
- Welche Methode(n) könntest du für die anstehende Entscheidung ausprobieren??

Warum hilft das Entscheidungs-Journal?

- Dir wird bewusst, welche Entscheidungen du lange mit dir herumträgst. Du findest vielleicht auch heraus, wo dir Entscheidungen heute schon leicht fallen.
- Du reflektierst, ob deine Entscheidungen gute Entscheidungen waren.
- Mit der Zeit bekommst du eine gute Dokumentation, welche Methoden wo und wie gut funktionieren.
- Die Impulsfragen regen dazu an, immer wieder im Handbuch der Entscheidungen nachzuschlagen.

Entscheiden mit Leichtigkeit

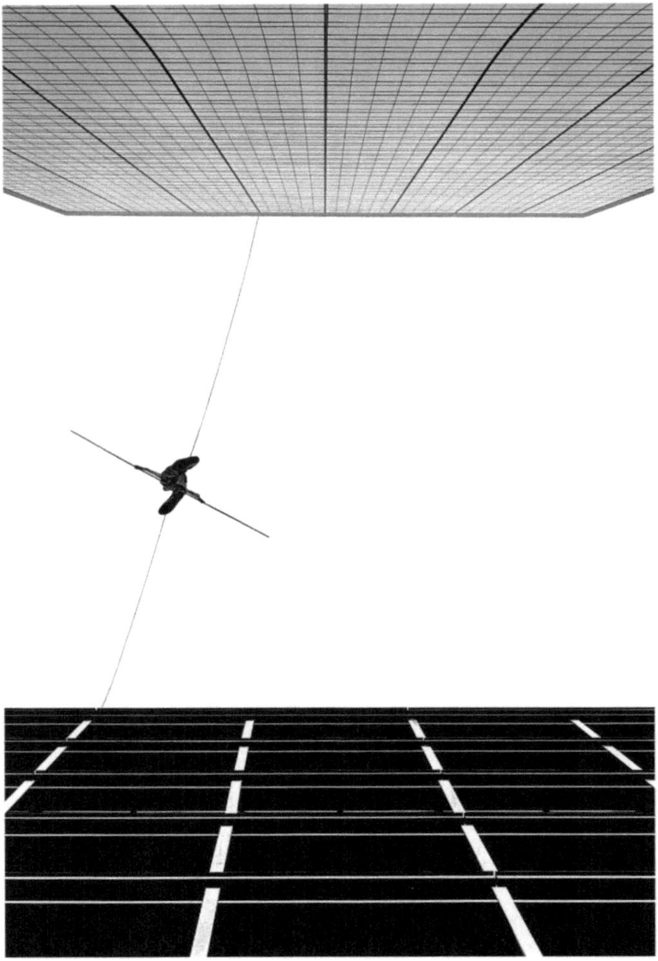

> "Es ist gut, etwas Langsames zu tun, bevor man im Leben eine wichtige Entscheidung trifft."
>
> Paulo Coelho

In den vorherigen Kapiteln haben wir schon mehrfach die Bedeutung des Bauchgefühls beim Entscheiden betont. Was aber, wenn dein Bauch dir keine klare Antwort gibt und du keine Worte dafür findest, was dein Bauch dir mitteilt? Dann kann es helfen, das Bauchgefühl zu visualisieren, also grafisch darzustellen. Durch die Visualisierung schaffst du einen Zugang zu deinem Unbewussten.

Luisa Bergholz von Limonata Coaching hat dazu das Selbst-Coachingtool „Entscheiden mit Leichtigkeit" erstellt. Es basiert auf dem Ansatz der sogenannten Affektbilanz. Die Affektbilanz wurde von Maja Storch im Zusammenhang mit dem Zürcher Ressourcen Modell[31] (ZRM) entwickelt. Ausgangsbasis der Affektbilanz ist die Tatsache, dass positive und negative Gefühle (= Affekte) in unterschiedlichen Bereichen des Gehirns entstehen und verarbeitet werden: Positive Gefühle entstehen im sogenannten Belohnungssystem, negative Gefühle im Bestrafungssystem. Diese Gefühle können unterschiedlich stark ausgeprägt sein - ganz schwach (0) oder sehr stark (100). Grafisch lässt sich dies mit zwei Skalen darstellen:

Affektbilanz

Wichtig: Die beiden Skalen sind unabhängig voneinander: Mehr positive Gefühle führen nicht automatisch zu weniger negativen Gefühlen (und umgekehrt).
Bei Entscheidungen, die uns leicht fallen, ist die Ausprägung auf einer der beiden Achsen hoch und auf der anderen niedrig.

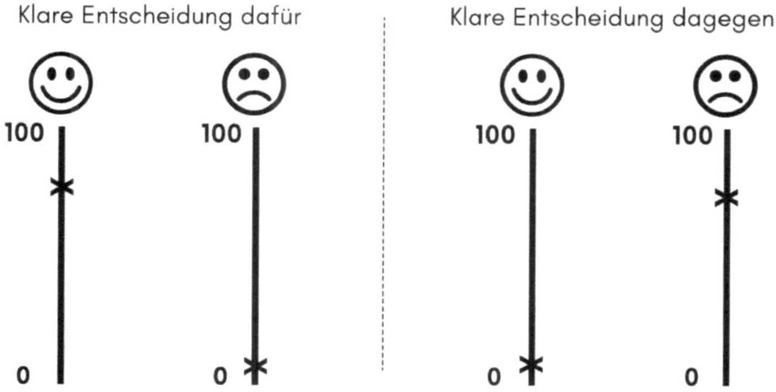

Klare Affektbilanz bei Entscheidungen

Bei Entscheidungen, die uns schwer fallen, sind in der Regel gemischte Gefühle im Spiel. Häufig sind uns diese Gefühle sowie die dafür verantwortlichen Faktoren dabei selbst gar nicht so klar. Wir fühlen uns hin- und hergerissen und haben ein undefiniertes Gefühl im Bauch.

Vorbereitung

Du kannst dir das Tool auf Luisas Website[32] herunterladen. Alternativ nimmst du dir ein Blatt Papier und einen Stift.

Ablauf

1. Schreibe als erstes auf, vor welcher Entscheidung du gerade stehst.
Ein Beispiel: Jens hat ein tolles Jobangebot aus Zürich und weiß nicht, ob er dieses annehmen soll. Er lebt mit seinem Partner in

Köln und müsste für den Job umziehen. Er schreibt also auf: Soll ich den Job in Zürich annehmen?

2. Notiere die Optionen, die du in Bezug auf die Entscheidung hast.

In unserem Beispiel notiert Jens 2 Optionen: Option I – Annehmen, Option II – Ablehnen.

3. Wenn du ein leeres Blatt Papier hast, zeichne nun zwei Skalen: Eine für die positive Ausprägung, eine für die negative Ausprägung. Führe dann folgende Schritte für die verschiedenen Optionen nacheinander durch:

a. Denke an die entsprechende Option und fühle in dich hinein. Wie stark nimmst du positive Gefühle und Emotionen wahr, wenn du dir diese Option vorstellst? Trage auf der linken Skala ein Symbol an der Stelle ein, die der Ausprägung dieser positiven Gefühle entspricht.
b. Wie stark nimmst du negative Gefühle und Emotionen wahr, wenn du dir diese Option vorstellst? Trage auf der rechten Skala das gleiche Symbol an der Stelle ein, die der Ausprägung dieser negativen Gefühle entspricht.

Denke nicht groß nach, sondern vertraue deinem ersten Impuls. Erst nachdem du das Symbol auf der Skala eingetragen hast, ordnest du der Stelle eine Zahl zu, die sich für dich stimmig anfühlt.
Führe Schritte a und b für alle Optionen durch, die du hast, und wähle je Option ein anderes Symbol. Und denke daran: Die beiden Skalen sind komplett unabhängig – negative Gefühle verringern nicht die Ausprägung auf der positiven Seite.

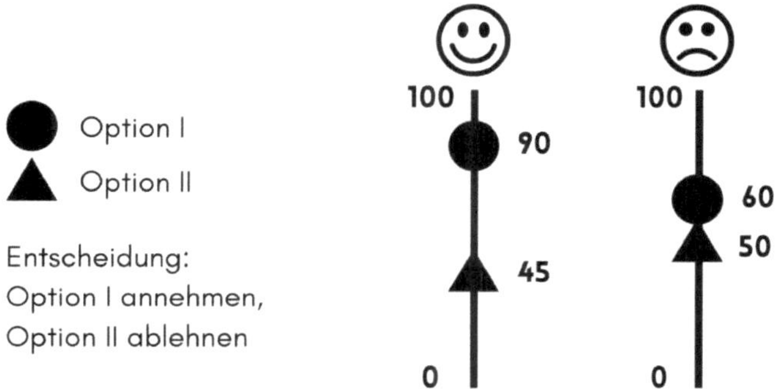

Beispiel von Jens

4. Lass das Bild auf dich wirken. Hat sich durch die Visualisierung schon etwas in dir verändert? Ist dir etwas klarer geworden?

Beispiel von Jens: Durch die grafische Darstellung der Gefühle hat Jens einen ersten Aha-Moment: Wenn er nur die positive Skala betrachtet, ist Option I (annehmen) deutlich attraktiver (= mit mehr positiven Gefühlen verknüpft) als Option II (= ablehnen). Gleichzeitig ist Option I auch mit vielen negativen Gefühlen verknüpft. Kein Wunder also, dass er sich hin- und hergerissen fühlt.

5. Erst jetzt: Sammle Aspekte, die für die hohe/niedrige Ausprägung auf den beiden Achsen verantwortlich sind.

Welche Ausprägung auf den beiden Achsen würdest du dir wünschen? Hast du Ideen, wie du die Ausprägung bei einer oder mehreren Option(en) verändern kannst? Fallen dir neben den bisherigen Optionen noch weitere Optionen ein?

Beispiel: Jens sammelt die Gründe bzw. Aspekte für die jeweiligen Ausprägungen.

Gründe für die hohe positive Ausprägung bei Option I: eine neue Aufgabe mit mehr Verantwortung, spannende Herausforderung, ein ganz neues, internationales Umfeld, super Entwicklungsmöglichkeiten, toller Karriereschritt und mehr Gehalt.
Gründe für die negative Ausprägung bei Option I: Fernbeziehung, sieht seinen Partner, seine Familie und Freunde seltener, fremdes Umfeld, höhere Arbeitsbelastung, Sorge, dass er der Herausforderung nicht gewachsen ist etc.
Das Gleiche macht er für Option II. Das Sammeln dieser verschiedenen Gründe verschafft Jens noch weitere Klarheit. Er weiß nun, dass er den Job gerne annehmen möchte – dass dazu die Ausprägung auf der negativen Achse jedoch geringer werden muss. Also sucht er, auch gemeinsam mit seinem Partner, nach Ideen dafür (z. B. Homeoffice-Möglichkeiten, Job-Angebote für den Partner in der Nähe von Zürich, Sportvereine in Zürich, denen er beitreten kann, um sich vor Ort einen Freundeskreis aufzubauen).

Falls eine andere Person in die Entscheidung involviert ist (z. B. ein Lebenspartner), kann diese Person den Prozess parallel durchführen und braucht dafür ein eigenes Blatt Papier. Führt die Schritte 3 bis 5 unabhängig voneinander durch und tauscht euch erst danach aus.

Bei diesem Kapitel hat uns Luisa Bergholz unterstützt, die als Coach Räume für Selbstreflexion, Inspiration und Weiterentwicklung schafft. Mehr zu Luisa findest du auf ihrer Website[33].

Sich nicht entscheiden müssen: Polaritätsmanagement

In diesem Handbuch haben wir dir viele Modelle, Theorien und konkrete Anweisungen vorgestellt, dich zu entscheiden. Was aber, wenn es sich in einer Situation gar nicht um ein Problem handelt, das eine Entscheidung braucht? Wie du im Beitrag von Luisa gesehen hast, fallen uns manche Entscheidungen deshalb schwer, weil wir sowohl positive als auch negative Affekte zur gleichen Zeit empfinden. In manchen Situationen geht diese Dualität weiter, und es gibt wirklich auf beiden Seiten gute Argumente, die einander einfach nicht ausschließen wollen. Lass uns gemeinsam schauen, wie uns in solchen Situationen das Polaritätsmanagement helfen kann.

Polaritäten umgeben uns jeden Tag. Wir haben dafür auch viele Metaphern. Nicht umsonst sprechen wir zum Beispiel immer von zwei Seiten einer Medaille. Oder benutzen Sprichwörter wie „Gut Ding will Weile haben" und gleichzeitig „Der frühe Vogel fängt den Wurm". In der chinesischen Philosophie ist so das Zeichen von Yin und Yang entstanden, das Symbol für Gegensätze, die sich ergänzen, polar einander entgegengesetzte und dennoch aufeinander bezogene duale Kräfte, die sich nicht bekämpfen, sondern ergänzen. So wie „Dem alten Hund kannst du keine neuen Tricks beibringen" gleichzeitig mit „Wir sind nie zu alt zum lernen". Einatmen und Ausatmen, Tätigkeit und Ruhe, Flexibilität und Stabilität, logisches Denken und Intuition, Realität und Visionen, Genauigkeit und Geschwindigkeit. Wie sollen diese unterschiedlichen Aspekte unter ein Dach passen?

Polarität

Zur Abgrenzung lass uns erst mal anschauen, was genau wir unter einer Polarität verstehen. Polarität ist nämlich nicht gleich ein

Problem, für das du keine Entscheidung herbeiführen kannst den Polaritäten können immer mehr oder weniger effektiv gehandhabt werden. Probleme dagegen brauchen keine Handhabung, sie brauchen eine Lösung. Es handelt sich immer dann um eine Polarität, wenn voneinander abhängige Wertpaare gleichzeitig im Raum vorhanden sind. Am Beispiel der Atmung kannst du die Polarität gut verstehen. Beide Pole – einatmen und ausatmen – brauchen einander. Nur im Zusammenspiel der beiden Pole entsteht Lebendigkeit, oder Rhythmus. Auch in der Psychologie wurde die Polarität aufgegriffen und für das so genannte Entwicklungsquadrat genutzt. Dabei gehen die Psychologen davon aus, dass unsere Schwächen gleichzeitig notwendig sind, um unsere Stärken zu entwickeln. Es gibt also kein richtig und falsch, schlecht und gut. In der Polarität braucht alles einander.

Verändern und bewahren

Eine der ältesten Polaritäten unserer Welt ist die Polarität: verändern und bewahren. Jeder von uns kennt das schon, denn jeder von uns stand schon mal in der Situation, wo es darum ging, sich verändern zu wollen beziehungsweise zu müssen. Und gleichzeitig war die Sehnsucht da, das Vertraute nicht loszulassen und zu bewahren.

Lass uns an diesem Beispiel genauer betrachten, wie Polaritätsmanagement funktioniert. Teile die Fläche auf einem Blatt Papier in vier Felder auf. Die eine Hälfte des Blattes steht für „verändern". Die zweite Hälfte steht für „bewahren". In der oberen Hälfte deines Blatts sammelst du in der linken und rechten Spalte jeweils die Vorteile der Polarität (mit der Frage: Welche guten Dinge geschehen, wenn wir uns auf diesen Pol konzentrieren?), in dem unteren Teil des Blattes sammelst du auf beiden Seiten

die Nachteile (mit der Frage: Welche negativen Dinge werden passieren, wenn wir uns zu sehr auf diesen Pol konzentrieren und den anderen Pol vernachlässigen?). Bleibe dabei am Besten jeweils solange in einem Feld, bist du alle deine Gedanken „ausgespeichert“ und aufgeschrieben hast, und erst dann gehst du zum nächsten Feld.
Für Nadja, die Veränderungen sehr gerne hat, ist diese Übung besonders wertvoll. Denn bis jetzt hat sie sich oft zu schnell für eine Veränderung entschieden, ohne diese Übung komplett zu machen. Jetzt geht Nadja Feld für Feld alle Vor- und Nachteile von „verändern“ und „bewahren“ durch, und stellt dabei fest, dass nicht alles in ihrem Leben neu werden muss. Somit spart Nadja sich viel Stress, viel Zeit, und wertvolle Energie. Auch andersrum gibt es Menschen, die lieber bewahren statt verändern. In diesem Fall werden diese Menschen gegebenenfalls feststellen, dass auch eine Veränderung genügend Vorteile hat.

Schritt zwei: Sowohl als auch

Der Schritt mit dem Ausfüllen aller Vor- und Nachteile war der erste Schritt im Polaritätsmanagement. Nun geht es darum, die beiden Hälften so miteinander unter ein Dach zu kriegen, dass du wirklich zufrieden bist. Du musst dich ja nicht zwischen links und rechts entscheiden! Es geht vielmehr darum, sowohl als auch der beiden Hälften miteinander zu verbinden. Der Leitgedanke dabei ist: Wir wollen die Vorteile aus beiden Polen, und gleichzeitig wollen wir die Nachteile der beiden Pole vermeiden.
Wie kannst du also sowohl die Lebendigkeit und die Spannung des Neuen, als auch die Stabilität und Verlässlichkeit des Alten in dein Leben reinlassen? Was wäre die Klinke an der Tür, die du dran machen müsstest, damit deine Entscheidung eine Drehtür

wird? Damit du sowohl die eine Welt, als auch die andere Welt im Zugriff hast und voll genießen kannst - ohne die störenden Nachteile dieser Welten?

Schritt drei: festigen

Dein Blatt ist nun voll mit Argumenten für und gegen die beiden Pole. Dein Kopf ist beschäftigt mit der Frage, wie du das miteinander verbinden kannst, und hier kommt Schritt drei, der dir dabei helfen kann.
Notiere dir in den vier Feldern, welche erstrebenswerten (oben bei den Vorteilen) bzw. welche zu vermeidenden Signale (unten bei den Nachteilen) dir zeigen werden, dass du auf dem richtigen Weg bist.
Nadja markiert sich oben bei „verändern", dass sie eine Begeisterung spürt und das Neue mit Freude erkundet, während gutes Signal für das „bewahren" ein Gefühl der Sicherheit ist und dass bekannte Best Practices noch angewendet werden können. Bei den „Warnsignalen" markiert Nadja sich schlechten Schlaf, Sorgenfalten im Spiegel (bei „verändern) und Langeweile (bei „bewahren").
Mit diesen Signallampen ausgestattet kann nun ein Weg im „sowohl als auch" Modus sicher begangen werden. Hoffen wir zumindest!

Entscheidungs-Tandems

Es gibt sie: Tandems beim pair programming und Tandems im Lernprozess. Warum also nicht auch bei deinen Entscheidungen?

Beim Pair Programming sitzen zwei Programmierer gleichberechtigt an einem Computer und arbeiten gemeinsam an einer Aufgabe. Die beiden nehmen unterschiedliche Rollen ein, der eine wird oft „Pilot" genannt, der andere „Navigator". Was für eine wunderbare Metapher! Wie wäre es, wenn du dir auch für deine Entscheidungen einen Navigator zu Seite stellen könntest?

Tandems im Lernprozess sehen folgendermaßen aus: zwei Personen führen kooperativ die Vorbereitung, das Lernen selbst und die Reflexion von Unterricht durch. Dabei sollen folgende vier Aspekte beachtet werden:

1. Miteinander wertschätzend interagieren
2. Vertrauen in die Arbeitsweise und die Kompetenzen des Tandempartners
3. Wissens- und Erfahrungsbestände aktiv austauschen und co-kreativ miteinander verknüpfen
4. Probleme und Schwierigkeiten gemeinsam bearbeiten.

Hello Pair Deciding

Die Zeit ist reif fürs Pair Deciding. Wir laden dich ein, dir bei deinen Entscheidungen einen Partner zu suchen. Dieser Partner und du seid dann gemeinsam in den Entscheidungen unterwegs. Die eine unterstützt immer den anderen und andersrum. Damit soll es dir gelingen, mehrere Blickwinkel auf die gleiche Frage zu haben und: du kannst auch andere mit deinen Erfahrungen unterstützen.

Am besten du suchst dir jemand, der anders an die Dinge herangeht. Entscheidest du eher mit dem Bauch, bietet sich jemand an, der eher rational entscheidet. Sind bei dir Entscheidungen immer der sprichwörtliche Schuss aus der Hüfte? Dann wärst du der perfekte Partner für jemanden, der immer alles dreimal durchdenkt. Natürlich sind das jetzt ziemliche Stereotypen, aber wir denken, du weißt was wir meinen. Am Ende des Tages entscheidet auch die Chemie zwischen Euch beiden. Also ziehe den Prozess nicht unnötig in die Länge. Das ist nämlich eine Typ2 Entscheidung. Wenn das Tandem nicht passt, gehst du einfach zurück durch die Drehtür. Wenn du allerdings Schwierigkeiten hast einen Tandempartner zu finden, helfen wir gerne. Schreib uns einfach an! Unsere Kontaktdaten findest du im Kapitel "Behind the scenes". Alternativ kannst du auch einen Aufruf auf LinkedIn oder Twitter posten und uns verlinken. Wir sind sicher, da findet sich jemand.

Hier sind sechs Impulsfragen fürs Treffen beim Pair Deciding:

1. Welche Entscheidung bereitet dir gerade Schwierigkeiten?
2. Was sind die Fakten? Was sind deine Optionen? FOR-DEC könnte ein guter Gesprächsleitfaden sein.
3. Welche Denkfehler stehen im Weg bzw. passieren dir häufiger?
4. Welche Methode(n) möchtest du dafür ausprobieren??
5. Wie hat dein Partner in ähnlichen Situationen entschieden?
6. Wen würde dein Partner für einen konsultativen Einzelentscheid befragen?

Falls du dich übrigens nicht für eine Frage entscheiden kannst, die sechs Fragen passen perfekt zu einem Sechser-Würfel.

Decision Poker

> "Entscheidungen richten sich nicht nach Möglichkeiten, Möglichkeiten werden durch Entscheidungen geschaffen."
>
> Heim, Markus

Im Kapitel Werkzeuge und Methoden hast du viele Möglichkeiten kennengelernt, wie du eine Entscheidung triffst. Auch für Entscheidungen im Team gibt es eine breite Auswahl. Wie entscheidet sich jedoch ein Team, welche dieser zahlreichen Methoden für eine Entscheidung genutzt werden soll? Frank Wulfes, Arne Schröder, Ole Harders und Matthias Stache von der Unternehmensberatung Kurswechsel haben für diese Situation einen spielerischen Weg entwickelt. Warum nicht eine Runde über das Vorgehen pokern? [34]

Das Decision Poker Kartendeck besteht aus sieben Entscheidungsverfahren. Einige davon findest du bereits hier im Buch, teilweise sind sie leichte Variationen der hier vorgestellten Methoden. Der beauftragte Fallentscheid ist beispielsweise dem konsultativen Einzelentscheid sehr ähnlich.

Vorbereitung

Du brauchst für jedes Teammitglied ein Pokerset. Dieses kannst du von der Kurswechsel-Webseite herunterladen, ausdrucken und die einzelnen Karten ausschneiden.[35] Du kannst aber auch normale Pokerkarten nehmen und den Werten eine Methode zuweisen.

Wenn du gerne malst und bastelst, magst du vielleicht sogar eigene Karten mit den von euch beherrschten Methoden erstellen.

Oder du mischst selbst gemachte Karten mit den Karten von Kurswechsel. Wie du siehst, sind die Möglichkeiten vielfältig.

Als Mitspieler werden alle Teammitglieder eingeladen. Es können aber auch andere Betroffene, Stakeholder oder ein neutrales Paar Augen teilnehmen. Beim Spiel geht es weder um die Auswahl der perfekten Methode, noch darum, wessen Entscheidungsverfahren gewinnt. Es geht vielmehr darum, den Weg der Entscheidungsfindung transparent zu machen und Schritt für Schritt ein besseres Gefühl für die Auswahl von Werkzeugen zu bekommen.

Ablauf

1. Der Moderator stellt die Fragestellung vor, zu der eine Entscheidung getroffen werden soll. Bist du Teil eines agiles Teams, bietet sich der agile Coach als Moderator an. So kann der Scrum Master am Spiel teilnehmen, ohne sich gleichzeitig um die Moderation zu kümmern. In geübten Teams kann die Moderation natürlich auch von einem Teammitglied und Mitspieler übernommen werden.
2. Bevor es mit dem Pokern losgeht, prüft, ob gemeinsames Verständnis zur Fragestellung besteht. Hier bietet sich die Common Ground Methode an.
3. Jetzt nimmt jeder die Karten in die Hand und wählt verdeckt die für ihn passende Entscheidungsmethode aus. Ist die Methode ausgewählt wird die Karte verdeckt auf den Tisch oder das Bein abgelegt.
4. 3-2-1! Jetzt deckt jeder seine Karte auf.
5. Diskutiert das Ergebnis im Team. Gibt es eine Mehrheit für ein bestimmtes Verfahren? Warum setzt der eine auf

ein partizipatives Verfahren, während der andere einen Einzelentscheid favorisiert?

6. Optional: War das Ergebnis sehr heterogen, könnt ihr auch noch eine zweite Runde spielen.
7. Besteht Einigkeit über den Entscheidungsweg, dann vereinbart die nächsten Schritte. Wer kümmert sich um das Verfahren? Wer soll ggf. entscheiden? Bis wann soll die Entscheidung getroffen werden?
8. Vereinbart einen Termin, wann ihr das Entscheidungsverfahren reflektiert. Als agiles Team bietet sich die nächste Retrospektive an.

Du kannst auch mit einer Kombination von Entscheidungsmethoden experimentieren. Ein Spieler darf dazu zwei oder mehrere Karten vor sich ablegen. Zum Beispiel könntest du der Meinung sein, der Entscheider soll erstmal per Münzwurf eine Einzelentscheidung treffen und im Anschluss die Entscheidung per Konsultation validieren.

Fun Facts über Entscheidungen

Auch wenn wir immer wieder denken, dass wir uns selbst und unsere Entscheidungen voll im Griff haben: lese dir die folgenden Fakten durch und beachte diese amüsanten Fakten beim nächsten Entscheidungsprozess!

Im Dunklen treffen wir rationalere Entscheidungen

Wenn du das nächste Mal vor einer wichtigen Entscheidung stehst und diese mehr rational als emotional treffen willst, dunkle bitte dein Zimmer ab! Das ist kein Scherz, denn helles Licht beeinflusst offenbar unsere Emotionen. [36]

Mit voller Blase treffen wir bessere Entscheidungen

Wissenschaftlich belegt: Je voller deine Blase und je mehr du deswegen auf der Stelle trippelst, desto eher entscheidest du dich für langfristige Ziele und Vorteile. Die Begründung dafür lautet: wenn wir gerade dabei sind, einen Impuls zu kontrollieren, gewinnen wir die Kontrolle über diverse andere Impulse und treffen dann Entscheidungen.

Ärger macht Entscheidungen rationaler

Kalifornische Wissenschaftler um Maia Young von der Anderson School of Management fanden folgendes heraus: Wenn wir uns ärgern, treffen wir oft rationalere Entscheidungen – und zwar weil unser Wut die Biases (vor allem das confirmation bias) unterdrückt.

Du willst besser entscheiden? Stehe auf!

Die vielen Stand-up Meetings, an die wir uns mittlerweile besser und besser gewöhnen, haben - wenn man der Studie des Psychologen Frank Fischer von der Münchner LMU glaubt - einen positiven Effekt für die Entscheidungsfreudigkeit. Auch die Zahl der Ideen steigt, wenn wir im Stehen arbeiten.

Schlafe ruhig aus, wenn du klug entscheiden willst

Der Schlaf ist für viele Bereiche unseres Lebens ein Wundermittel. Er macht schlau und kreativ. Schlafmangel dagegen kann unsere Reaktionsgeschwindigkeit drastisch senken, und als Folge treffen wir langsamere und schlechtere Entscheidungen und gehen höhere Risiken ein, behauptet eine Studie von Virginie Godet-Cayré vom Centre for Health Economics and Administration Research in Frankreich.

Dieses Erkenntnis passt ganz gut zu dem letzten Fakt: Entscheidungen zu treffen macht müde. Offensichtlich verbrauchen Entscheidungen - egal ob unter Druck oder freiwillig - unsere Energie. Wenn du also Einiges zu entscheiden hast, wundere dich nicht, dass du nach zwei-drei Themen eine (längere) Pause brauchst.

Übung macht den Meister

Wenn du das Buch jetzt von vorne bis hinten durchgelesen hast, herzlichen Glückwunsch! Dein Werkzeugkasten zum Thema Entscheidungen dürfte jetzt um einiges voller sein, als vorher. Das eine oder andere Werkzeug lag vielleicht schon drin. Vielleicht hast du für diese Werkzeuge eine zusätzliche Verwendungsvariante gelernt.

Oder bist du jemand, der sich erst mal den Schluss des Buchs durchliest? So weiß man auch gleich wer der Mörder ist. Uns gefallen Menschen, die außerhalb der Konventionen handeln. Dann dürfte dir auch manche unserer Methoden gefallen. Hast du schon mal eine wichtige Entscheidung gewürfelt?

In welcher Form auch immer du das Handbuch gelesen hast: wir hoffen es hat bei dir ein Hell Yeah erzeugt.

Nur vom Werkzeuge im Werkzeugkasten herumtragen wird man allerdings nicht zum Könner. Übung macht den Meister. Deswegen wünschen wir dir ab jetzt viel Erfolg beim Ausprobieren und Üben der Werkzeuge in diesem Buch.

Wenn du bei einer Entscheidung zögerst, mach dich nicht verrückt. Denk an die Drehtür. Die meisten Entscheidungen kann man wieder rückgängig machen, und daher sollten diese schnell getroffen werden. Selbst wenn eine Entscheidung hinterher als Fehlentscheidung klassifiziert wird. Oft ist es gar keine Fehlentscheidung, sondern ein Gewinn.

Du zögerst immer noch? Keep cool! Auch Nadja und Tobias lernen immer wieder dazu. Ein paar Einblicke darüber geben wir im Kapitel Behind the scenes.

Aber dann gehst du wirklich Werkzeuge ausprobieren. Versprochen?

5. Behind the Scenes

Nadja und Tobias wurden nicht als Entscheidungs-Gurus geboren und sind auch heute keine. Wie kam es dann zu diesem Buch? Wo treffen Nadja und Tobias sonst noch Entscheidungen? Wo mussten wir bei der Entstehung dieses Buchs Entscheidungen treffen? Auch für die beiden ist Entscheiden nicht immer einfach. Deswegen lassen wir dich hier daran teilhaben. Nobody is perfect!

Wer sind Nadja und Tobias?

Genau wie Susanne aus dem Kapitel Einzelentscheid, stand auch Nadja mal vor der Entscheidung, wo es zum Studium hingehen soll. Für sie ging die Reise von St. Petersburg nach Hamburg zum Psychologiestudium. Danach lernte Nadja als Beraterin, Projektmanagerin und Führungskraft, dass das mit dem Ent- scheiden nicht immer einfach ist. Von der Automobilbranche, über Banken bis zur Touristik, langsame Entscheidungsprozesse und tonnenweise Material mit Zahlen, Daten und Fakten sind kein Einzelfall. Vor fast 10 Jahren hat sich Nadja dann selbständig gemacht und sorgt für „More Shiny Eyes". Anfang jedes Jahres gibt es leuchtende Augen beim Retreat "Create Your Year". Während des Jahres sorgt sie bei Workshops, Konferenzen und Trainings für professionelle Moderation und garantiert keine Langeweile. Dabei kommen auch die von ihr entworfenen Won- derCards zum Einsatz. Von Woche zu Woche kommen so mehr Menschen Montags gerne zur Arbeit.
Die Woche läutet Nadja jeden Montag morgens um 7 auf Twitter mit "Endlich Montag!" ein. Die Woche schließt sie seit März 2020 mit dem wöchentlichen Coronatagebuch ab. Lange Zeit war das auch ein Bautagebuch. Während Deutschland gespannt auf die Entwicklung der aktuellen Fallzahlen schaute, verfolgte sie den Umbau ihrer neuen Wohnung und lernte die Stacey Matrix der Baubranche kennen. Einfach war das jedenfalls nicht immer mit den Handwerkern.

In das Projekt zu diesem Buch ist Nadja mit diesem Sprichwort gestartet:
Treffen sich ein Thunfisch und ein Walfisch. Sagt der Tun-Fisch: Was wollen wir tun, Fisch? Sagt der Wahl-Fisch: Du hast die

Wahl, Fisch.

Tobias ist seinem Herzen gefolgt und hat sich im Leben für das Motto „Sowohl als auch“ entschieden. Er ist sowohl selbständig, als auch angestellt. Sowohl ein Pirat als ein auch gewissenhafter Mitarbeiter seines Unternehmens. Dort treiben ihn oft die Fragen nach den Kosten der Entscheidungen, denn diese machen einen teilweise gewaltigen Anteil aus – und hier kann und sollte was geändert werden! Da er lange Erfahrungen im Leiten von (virtuellen) globalen Teams hat, weiß er, wie komplex Entscheidungsprozesse in diversen Gruppen ablaufen. Was ihn in dem beruflichen Umfeld darüber hinaus ausmacht, ist seine Freude über zahlreiche Überraschungen des Lebens. Wo manch anderer unter dem stetigen Wandel eher ins Straucheln und Stöhnen kommt, ist Tobias stets leichtfüßig unterwegs. Dies war unter anderm auch der Garant für das Gelingen des Buchprojektes, welches wir mitten in der Corona-Pandemie geschrieben haben. Der stetige Takt der dreiwöchigen Skript-Releases hat uns aus dem Sumpf der sonstigen Aufgaben gerettet.
Apropos Sumpf. Die Liebe zu Überraschungen, Serendipität und zufälligen, spontanen Funden führte dazu, dass Tobias mit seinem Blog “CompanyPirate“ immer wieder Schatzkisten zu bestimmten Themen zusammen stellt und damit die grauen Zellen der Leser sowohl fokussiert als auch zum Nachdenken anregt. Kein Wunder also, dass wir in diesem Handbuch der Entscheidungen zahlreiche Fallbeispiele finden, die Tobias – basierend auf Erfahrungen und der Zukunftsorientierung – frei erfunden hat. Fokussierend und zum Nachdenken anregend. Denn ein Pirat ist mehr als Raub und Gewalt - es ist viel mehr versuchen, wagen und erforschen.

Auf zu besseren Entscheidungen! - könnte auf der Schiffsflagge von Tobias stehen.

Dass Nadja und Tobias sich „in echt“ noch nie begegnet sind, minderte nicht den Spaß, den beide beim Entstehen dieser Zeilen gehabt haben.

Ach ja, hier noch unsere Kontaktdaten, falls du Feedback hast, Unterstützung zum Thema Entscheidungen brauchst oder mehr über unsere anderen Projekte erfahren möchtest:

Nadja erreichst du per Email an nadja@petranovskaja.com[37]. Mehr zu ihren Projekten erfährst du auf petranovskaja.com[38].

Tobias erreichst du per Email an tobias@companypirate.de[39]. Mehr zu seinen Projekten erfährst du auf companypirate.de[40].

In den sozialen Medien sind wir via LinkedIn oder Twitter erreichbar. Auf welchem Weg auch immer, wir freuen uns von dir zu hören.

Wie kam es zu diesem Buch?

Wir beide folgen uns schon länger auf Twitter, von Zeit zu Zeit kommentierte und re-tweetete man sich auch gegenseitig. Im Dezember 2019 kam per LinkedIn die Idee auf, in 2020 was gemeinsam zu machen (wie verrückt 2020 wird, ahnten wir damals noch nicht). Das Thema des Buchs wurde im Januar geboren. Wir hatten beide schon Aktivitäten und Blogposts rund ums Thema Entscheidungen. Nach einer ersten Stoffsammlung waren wir uns einig - das gehen wir gemeinsam an. Tobias kümmerte sich um die Technik - ein Bitbucket Repository und das Setup auf Leanpub. Nadja kurbelte den Backlog auf Trello an. Von nun an wurden Ideen gesponnen und in Texte gegossen. Frei nach dem agilen Manifest "Liefere funktionierende Produkte regelmäßig innerhalb weniger Wochen oder Monate und bevorzuge dabei die kürzere Zeitspanne." lieferten wir alle drei Wochen eine neue Version des Buchs aus. Wie viele Sprints es am Ende werden, wussten wir damals noch nicht. Auf dem Weg haben wir einige Fragen von unseren Erstlesern im Buch beantwortet. Außerdem haben wunderbare Menschen mit Gastkapiteln neue Perspektiven beigesteuert. Jetzt ist es soweit. Wir gießen das Buch in "Hardware". Vielleicht hältst du gerade sogar die Printversion in den Händen?

Wo treffen Nadja und Tobias Entscheidungen?

Im Kapitel FOR-DEC hast du ja schon erfahren, dass die gekaufte Neubau-Eigentumswohnung von Tobias über Monate im Verzug war. Im April 2020 kam ein Schreiben des Bauträgers. Die Fertigstellung wird sich aufgrund der Coronakrise auf unbestimmte Zeit verzögern. Eine Entscheidung musste getroffen werden. Soll man noch weiter auf die Fertigstellung der Wohnung warten oder sich ein anderes Objekt suchen und die Wohnung später vermieten oder gar verkaufen? Hier war einiges an Unsicherheit im Spiel. Wie lange würde es dauern, bis eine Firma aus Italien wieder einreisen kann? Würde es weiteren Verzug durch Lieferschwierigkeiten bei Baumaterialien geben? Findet man während des Lockdowns überhaupt eine ausreichend große Wohnung? Der konsultative Einzelentscheid war letztendlich das Mittel der Wahl. Seine Frau, die viel mit dem Bauch entscheidet und die Nase von Übergangs- und Ferienwohnungen gestrichen voll hatte, war ganz klar für die Suche nach einem alternativen Objekt. Rechtsanwältin und Steuerberater klärten über rechtliche und steuerliche Konsequenzen auf. Auch der Bauleiter wurde konsultiert. Obwohl er keinen verbindlichen Termin nennen konnte, so gab es doch Informationen. Was ist noch alles zu tun und wie lange dauert das üblicherweise, welche Gewerke arbeiten gerade und wo klemmt es. Mit allen diesen Infos und nach einer Nacht darüber schlafen, war klar: Her mit der Alternative!

Bei der Suche nach einer 4-Zimmer-Wohnung wurde Tobias allerdings nicht fündig. Der Markt war sehr überschaubar und wenn es was gab, dann waren die Preise irrwitzig. So landete man schlussendlich bei Reihenhäusern und hatte die Wahl

zwischen zwei Angeboten. Das Eine war in schöner Lage im Berggebiet, einem der besten Stadtteile Bambergs. Allerdings wurde noch viel renoviert und es wären noch die Kosten für eine Küche hinzugekommen. Das andere war modern, energetisch topp und hatte mehr Fläche als man eigentlich suchte. Für diese Entscheidung gab es viel Wissen (also Zahlen, Daten, Fakten) und so fiel die Entscheidung recht schnell mit Hilfe einer Entscheidungsmatrix.
Nachdem die Familie Leisgang so ungeplanterweise auch noch Besitzer eines Gartens wurden, musste natürlich noch ein Grill angeschafft werden. Diese Entscheidung zog sich etwas in die Länge. Es wurden Testberichte gelesen, zahlreiche Forenbeiträge zum Thema Gas- oder Kohlegrill durchstöbert und einiges an Youtube Videos konsumiert. Die Entscheidungsmatrix wäre so groß geworden, dass sie Tobias gar nicht erst aufgeschrieben hat. Im Kopf wurde aber mit den ganzen Optionen jongliert. Das Kapitel mit den Drehtüren war irgendwie mental nicht präsent und die Kosten für die Entscheidung überstiegen den Wert des Grills um ein Vielfaches. Rückblickend wäre die Hell-Yeah-Methode wohl die Richtige gewesen.

Nadja entscheidet in der Regel alles sehr schnell. Sie ist absolut furchtlos in diesem Thema und trägt lieber die Konsequenzen als das Hin-und-Her der Unentschiedenheit. Diese Entscheidungsfreude hat natürlich auch ihre Schattenseiten, und die größte davon lautet: Verantwortung.
Indem Nadja dem Buchprojekt für dieses Handbuch zugestimmt hat, hat sie - ohne sich viele Gedanken zu machen - einen Teil ihrer Ressourcen vergeben. Das bedeutet, was immer noch danach während des Jahres dazu kam, musste nebenbei passieren. Die berühmte Priorisierung funktioniert in solchen Fällen bei Nadja rein nach Bauchgefühl. Habe ich heute Lust, meine Buchhaltung

zu machen? Nein! Habe ich Lust, das Buch mit Tobias zu schreiben? Ja. Noch Fragen?
Während der bereits ganz vorn beschriebenen „Welche Milch kaufe ich?“ Situation sind es in Nadjas Leben oft eher die kleinen Entscheidungen, die viel Zeit in Anspruch nehmen. Was schenke ich meinen erwachsenen Kindern zu Weihnachten? Welches Buch von meinen Buchstapeln lese ich zuerst? Mit welchem Tool lerne ich Italienisch? (Da übersteigt jegliche Recherche sofort die Kosten der meisten Lösungen wie Podcasts oder App...) Viele dieser Entscheidungen werden spontan mit den Prinzipien von Effectuation getroffen. Es ergibt sich eine passende Situation, ein Produkt wird im Gespräch mit Freunden gelobt.
Die wichtigsten Entscheidungen für Nadja sind seit fast zehn Jahren die unternehmerischen. Wodurch wirke ich in der Gesellschaft? Welche Angebote möchte ich schaffen? Welche Projekte sage ich zu? Wie viel Aufwand für eine Leistung schreibe ich ins Angebot an einen Kunden, der mich noch nicht kennt? Gehe ich mit meinem Produkt – den WonderCards – ins Ausland? Was schreibe ich über mich auf meiner Webseite? Worüber poste ich in den Social Media - wie möchte ich wahrgenommen werden? Was möchte ich mit 60 Jahren machen?

Wie du siehst, tun wir uns manchmal auch noch schwer und haben (gefühlt) ein Brett vor dem Kopf. Ein Parade-Beispiel dafür war die Entscheidung für das Buchcover.

Entscheidung für unser Buchcover

Diese kleine Anekdote am Rande möchten wir dir gerne noch erzählen. Für die Arbeitsversion des Buches hat Tobias ein Cover angelegt, und wir haben auch gesagt, dass uns der Titel erst mal egal ist. Kurz vor der Fertigstellung jedoch haben wir gesagt, wir möchten auch das Optische im Buch überarbeiten. Dazu gehörte es neben der Findung der Fotos für die Kapitel auch die Neugestaltung des Buchtitels. Nadja hatte über ein grafisches Programm im Internet drei Vorschläge gemacht, und diese an Tobias geschickt. Tobias meinte, mache doch mal einen kollegialen Einzelentscheid. Und die Nadja dachte, was für eine wunderbare Idee!

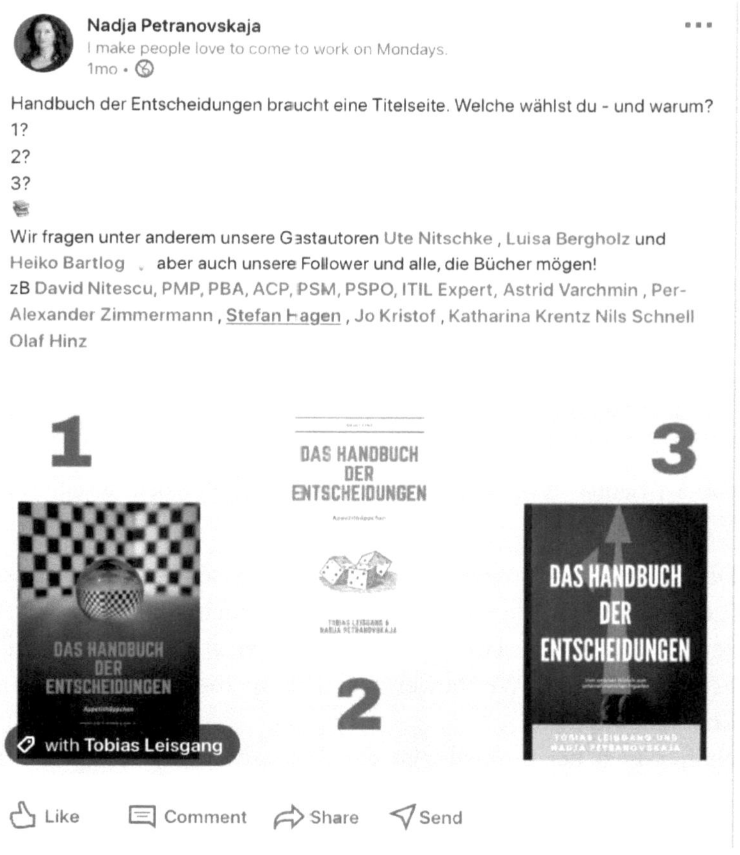

Drei Optionen zur Auswahl

Was Nadja nicht bedacht hatte, ist, wie viele Menschen sie bei der kollegialen Beratung fragt. Sie hat einfach die drei Buchtitel-Vorschläge einmal bei LinkedIn und einmal bei Twitter gepostet mit der Frage, ob eins, zwei oder drei der bessere Titel sei.

Post bei Twitter - Vielleicht etwas viel Reichweite für einen konsultativen Einzelentscheid

Daraufhin haben sowohl Tobias als auch unser Gastautor Heiko Bartlog die Postings noch mal geteilt und auch in ihren Netzwerken gefragt, welche Titelidee besser gefallen würde. Dabei wurde betont, es sei kein Wettbewerb, weil Nadja die Entscheidung am Ende alleine trifft.

Nadjas Post bei LinkedIn ist am Sonntag erschienen und war eins ihrer aktivsten und populärsten Post seit Jahren. Fast 6000 Menschen haben sich diese Frage angeschaut und über 80 Leute haben eine Antwort gegeben.

84 Kommentare und noch mehr Views auf LinkedIn. Da fällt der konsultative Einzelentscheid schwer!

Bei Twitter waren es zwar nicht so viele Menschen, dafür genauso intensive Diskussionen

Ist Würfeln so verwegen?

Im Mittelpunkt der Diskussion stand die Frage, ob Würfel nun geeignet seien für die Illustration. Niemals hätten wir gedacht, dass dieses Thema so viel Aufregung mit sich bringt und so viele unterschiedliche Perspektiven fördert. Es war sehr spannend zu sehen, was genau mit den Würfeln verbunden wird. Von sehr positiven bis sehr negativen Aspekten in Bezug auf das Thema Entscheidung war alles dabei. Hier ein paar Beispielzitate:

Heiko Bartlog: Ich finde es spannend, wie viele (nicht nur hier, auch unter Nadja's Originalpost und auf Twitter) ein Problem mit dem Würfeln als Entscheidungsinstrument haben ... Lasst mich mal eine (provokante) Hypothese aufstellen:
In den Fällen, in denen die Faktenlage klar ist, muss man ja gar

nichts mehr entscheiden, das kann ein Algorithmus besser.
In den Fällen, in denen die Faktenlage unklar/mehrdeutig/dynamisch/... ist, man also explizit eine Entscheidung treffen muss, ist "Würfeln" allen anderen Entscheidungstechniken oft überlegen, allein dadurch, dass es schnell geht und man dadurch schnell ins Handeln und Lernen kommt UND die emotionale Verbindung zur erwürfelten Entscheidung so minimal ist, dass man sich auf Basis neuer Erkenntnisse schnell wieder anders entscheiden kann!

Christian Kaczmarek: Menschen haben bei Entscheidungen, die an Emotionen gekoppelt sind, seltener ein Problem mit A oder B als Lösung, sondern vielmehr mit dem Prozess des Entscheidens. Daher kann z. B. ein Münzwurf deutlich hilfreicher und entlastender sein als das Ausdiskutieren der Lösungsidee. Letztendlich ist ja nicht der Lösungsraum das Problem, sondern der Weg.

Mehrere ablehnende Kommentare in Richtung: Würfel oder Glaskugel würden mich abschrecken. Sie sind eher unglückliche Metaphern.

Einige zustimmende Kommentare in Richtung: Die Würfel repräsentieren für mich das "Zufallselement" der Entscheidung unter Unsicherheit.

Was Nadja aus diesem Prozess auf jeden Fall gelernt hat: frage nicht so viele Menschen um ihre Meinung, denn am Ende wirst du dadurch ja noch zerrissener in deinem Entscheidungsprozess. Wie in dem Kapitel „konsultativer Einzelentscheid" beschrieben, gilt es daher, ganz bewusst auszuwählen, wen ich um einen Rat frage. Du siehst ja, welcher Titel es am Ende geworden ist. Der Weg zu dieser Entscheidung war länger, als uns lieb wäre. Da hätte es vielleicht tatsächlich geholfen, wir hätten für 1, 2 oder 3 gewürfelt. Kein Scherz!

Vielleicht hilft dir diese Geschichte, in Zukunft noch bewusster zu wählen, mit welcher Methode du eine Entscheidung triffst.

Quellen und weiterführende Links

*

Anmerkungen
Entscheidungen - Was? Wozu? Warum?

1 Duden - Entscheidung
https://bit.ly/3q4NcK8 (abgerufen am 28. November 2020)

2 Poppenborg, Mark (2017). Ein Fallbeispiel moderner Führung
https://bit.ly/3mfN48b (abgerufen am 28. November 2020)

3 Taapken, Nelson (2018). Studie: Eine offene Fehlerkultur leben!
https://bit.ly/36fwWOA (abgerufen am 28. November 2020)

4 Corrigan, Chris (2020). Sense-making in real time
https://bit.ly/37gTgX3 (abgerufen am 28. November 2020)

5 Martin, Albert (2013). Fehlentscheidungen: Warum wir tun, was wir später bereuen. wbg academic

6 https://liberationist.org/culture-design-canvas/examples-of-culture-design-canvas/

7 Dörner, Dietrich (1989). Die Logik des Misslingens: Strategisches Denken in komplexen Situationen. Rowohlt Verlag GmbH

8 GEO Wissen (2010), Nr. 45 - Die Logik des Misslingens, Seite 53-56

9 GEO Wissen (2010), Nr. 45 - Die Logik des Misslingens, Seite 53-56

Theorien und Denkmodelle

10 Ariely, Dan (2009). Predictably irrational. Harper

11 Kahnemann, Daniel (2011). Thinking, fast and slow. Penguin Books

12 Thaler, Richard & Sunstein, Cass (2009). Nudge. Improving Decisions about Health, Wealth, and Happiness. Penguin Books

13 Arkes, Hal R. & Blumer, Catherine (1985). The Psychology of Sunk Cost. ORGANIZATIONAL BEHAVIOR AND HUMAN DECISION PROCESSES 35, 124-140
https://bit.ly/3laPmEg (abgerufen am 28. November 2020)

14 http://www.nitschke-consulting.com/

15 Sarasvathy, Saras D. (2001). Causation and Effectuation: Toward A Theoretical Shift from Economic Inevitability to Entrepreneurial Contingency. Academy of Management Review 26(2).
https://bit.ly/33sXtWO (abgerufen am 28. November 2020)

16 https://www.effectuation.at/

17 https://bartlog.de/

18 Förster, Anja & Kreuz, Peter. Die Angst vor der zufallenden

Tür
https://bit.ly/3q31V8l (abgerufen am 28. November 2020)

19 Amazon Letter to Shareholders
https://bit.ly/36hCqs6 (abgerufen am 28. November 2020)

20 Branson, Richard (2018). Virgins Two Way Door Decisions
https://bit.ly/2VbrUfp (abgerufen am 28. November 2020)

Werkzeuge und Methoden

21 The School of Life (2017). Wie man eine Entscheidung trifft.
https://bit.ly/3fKgYyM (abgerufen am 28. November 2020)

22 https://concide.de/

23 Corrigan, Chris (2020). A tour around the latest Cynefin iteration
https://bit.ly/3miBY2l (abgerufen am 28. November 2020)

24 https://rationalize.io/

25 https://komfortzonen.de/entscheidungs-matrix-template-vorlage/

26 Ockert-Höfler, Karin (2020). FOR-DEC gute Entscheidungen treffen in turbulenten Zeiten.
https://bit.ly/3lpSjB6 (abgerufen am 28. November 2020)

27 Steinhardt, Gunnar und Hofinger, Gesine und Proske, Solveig und Soll, Henning (2014). Decision-making models: FOR-DEC and beyond. 31st EAAP Conference, Aviation Psychology: Facilitating Change(s)
https://bit.ly/3mnrM8Q (abgerufen am 28. November 2020)

28 Ockert-Höfler, Karin (2020). FOR-DEC und mehr
https://bit.ly/3o7Kvpi (abgerufen am 28. November 2020)

29 Wegelin, Natascha (2019). #48 - Moneytalk "Entscheidungen treffen" (Teil 1)
https://bit.ly/3q69X06 (abgerufen am 28. November 2020)

30 Sivers, Derek (2011). Hell Yeah or No.
https://bit.ly/39iJarw (abgerufen am 28. November 2020)

Ins Handeln kommen

31 https://zrm.ch/

32 https://luisabergholz.com/tools-fuer-dich

33 https://luisabergholz.com/

34 Wulfes, Frank (2020). Decision Poker
https://bit.ly/3fKeIaN (abgerufen am 28. November 2020)

35 Wulfes, Frank (2020). Decision Poker Deck
https://bit.ly/2JaimPE (abgerufen am 28. November 2020)

36 Campbell, Don (2014). The way a room is lit can affect the way you make decisions
https://bit.ly/36hHYm4 (abgerufen am 28. November 2020)

Behind the Scenes

37 mailto:nadja@petranovskaja.com

38 https://petranovskaja.com/

39 mailto:tobias@companypirate.de

40 https://www.companypirate.de/